PPP丛书

PPP合同条款指南

（2017版）

世界银行集团
PPP基础设施咨询基金　编著
全球基础设施基金

财政部政府和社会资本合作中心　译

中国财经出版传媒集团
经济科学出版社
Economic Science Press

图字 01-2017-8655

©2017中国大陆地区简体中文专有版权属经济科学出版社
版权所有　翻印必究

Copyright © 2017 by International Bank for Reconstruction and Development / The World Bank

This work was originally published by The World Bank in English as *Guidance on PPP Contractual Provisions, 2017 Edition* in 2017. This Chinese translation was arranged by Economic Science Press. Economic Science Press is responsible the quality of the translation. In case of any discrepancies, the original language will govern.

The findings, interpretations, and conclusions expressed in this work do not necessarily reflect the views of The World Bank, its Board of Executive Directors, or the governments they represent.

The World Bank does not guarantee the accuracy of the data included in this work. The boundaries, colors, denominations, and other information shown on any map in this work do not imply any judgment on the part of The World Bank concerning the legal status of any territory or the endorsement or acceptance of such boundaries.

© 2017年，版权所有
国际复兴开发银行/世界银行

本书原版由世界银行于2017年以英文出版，书名为*Guidance on PPP Contractual Provisions, 2017 Edition*。中文版由经济科学出版社安排翻译并对译文的质量负责。中文版与英文版在内容上如有任何差异，以英文版为准。

本书所阐述的任何研究成果、诠释和结论未必反映世界银行、其执行董事会及其所代表的政府的观点。

世界银行不保证本书所包含的数据的准确性。本书所附地图的疆界、颜色、名称及其他信息，并不表示世界银行对任何领土的法律地位的判断，也不意味着对这些疆界的认可或接受。

前　言

全面依法治国是习近平新时代中国特色社会主义思想的重要内涵之一。党的十九大报告明确指出，坚持依法治国、依法执政、依法行政共同推进，坚持法治国家、法治政府、法治社会一体建设。按合同办事、依法履约是政府和社会资本合作（PPP）模式的核心价值观，加强对PPP合同的起草、谈判、履行、变更、解除、转让、终止直至失效的全过程管理，通过合同正确表达意愿、合理分配风险、妥善履行义务、有效主张权利，是保障政府和社会资本长期可持续合作、实现公共服务提质增效的关键环节。

为进一步借鉴国际经验，财政部PPP中心组织翻译了世界银行集团2017年版《PPP合同条款指南》(*Guidance on PPP Contractual Provisions*)，内容涵盖合同条款的关键问题、重点考虑因素和具体实践，并且包括作为示例的草案范本和对国别做法的介绍等内容，是一本专业操作性指导读本，是PPP行业参与者一本难得的参考书。

由于时间和水平所限，翻译工作定有疏漏和不足之处，敬请谅解并不吝赐教。

财政部政府和社会资本合作中心

2017年12月

目 录

目 录

致谢	IV
简介	V
术语的定义	1
具体项目中的PPP合同	3

1 不可抗力 — 14
    1.1 关键问题 — 15
    1.2 缔约政府部门的重点考虑因素 — 19
    1.3 不可保险性 — 27
    1.4 草案范本 1 — 30
    1.5 草案范本 1A — 32

2 重大负面政府行为 — 35
    2.1 关键问题 — 36
    2.2 缔约政府部门的重点考虑因素 — 38
    2.3 草案范本 2 — 41

3 法律变更 — 45
    3.1 关键问题 — 46
    3.2 缔约政府部门的重点考虑因素 — 48
    3.3 草案范本 3 — 56
    3.4 草案范本 3A — 59

4 解约金 — 62
    4.1 关键问题 — 63
    4.2 缔约政府部门的重点考虑因素 — 65
    4.3 缔约政府部门违约、重大负面政府行为、法律变更或自愿终止产生的赔偿 — 67
    4.4 社会资本违约导致合同提前终止产生的赔偿 — 71

	4.5	不可抗力导致合同提前终止产生的赔偿	74
	4.6	解约金支付方式和时间	75
	4.7	草案范本4	76

5 再融资 81

5.1	关键问题	82
5.2	缔约政府部门的重点考虑因素	84
5.3	草案范本5	87

6 贷款方介入权 91

6.1	关键问题	92
6.2	缔约政府部门的主要考虑因素	93
6.3	主要条款汇总	95
6.4	草案范本6	96

7 保密性与透明度 97

7.1	关键问题	98
7.2	缔约政府部门的重点考虑因素	99
7.3	草案范本7	102

8 准据法与争议解决 106

8.1	关键问题	107
8.2	缔约政府部门的重点考虑因素	110
8.3	草案范本8	120

9 债券融资 130

9.1	关键问题	131
9.2	理解项目债券融资	133
9.3	缔约政府部门的重点考虑因素	139
9.4	合同终止费用的计算	145
9.5	增信	146

10 企业融资 ······ 150

10.1 关键问题 ······ 151
10.2 缔约政府部门的主要考虑事项 ······ 152
10.3 解约金的计算 ······ 157

附　录　其他PPP相关资源 ······ 160
后　记 ······ 164

致　谢

《PPP合同条款指南（2017版）》（本指南）主要依据来自安理国际律师事务所（Allen & Overy LLP）的多莉·米兰达尼（Dolly Mirchandani）领导下的团队所做的工作，团队成员包括提姆·斯凯尔斯（Tim Scales）、大卫·李（David Lee）、海格尔·范皮尔（Helga Van Peer）、提姆·康督特（Tim Conduit）、弗勒·克莱格（Fleur Clegg）、萨拉·加维（Sarah Garvey）和瓦伦坦泰因·德波（Valentijn de Boe）。本版以此前出版的《关于推荐的PPP条款的报告（2015版）》为基础，由来自巴黎的法国基德国际律师事务所（Gide Loyrette Nouel）的约翰·克罗特斯（John Crothers）带领的团队进行研究编制，团队成员包括维克多·格兰德纪尧姆（Victor Grandguillaume）和巴泰勒米·里托（Barthélemy Littot）。这两份出版物由PPP基础设施咨询基金（PPIAF）资助出版。PPIAF是世行集团的多方信托基金，旨在向发展中国家政府提供技术援助。PPIAF的主要目标是通过具有高影响力的合作伙伴关系创造有利于促进对基础设施的私人投资的环境。欲了解更多信息，请访问www.ppiaf.org。

本指南得到了世行集团各部门专家的技术支持，其中包括国际金融公司（IFC）、多边投资担保机构（MIGA）、国际投资者争议解决中心（ICSID）、全球基础设施基金（GIF），以及世界银行的PPP政府和社会资本合作小组。此外，特别感谢全球基础设施中心（GIH）、非洲法律支持机构（ALSF）、美洲开发银行（IDB）以及在征求公众意见的过程中参与本指南编制的所有组织、实体和公司。

在安理国际律师事务所的支持下，世界银行的PPP政府和社会资本合作小组的克里斯汀娜·保罗（Christina Paul）和苏姗妮·弗斯特（Susanne Foerster）两位律师编辑整理了来自上述所有来源的各种意见和建议。

简 介

许多国家正在使用政府和社会资本合作（PPP）来开发基础设施项目。在此背景下，PPP交易通常基于一个复杂的网状法律协议群，尽管如此，每个PPP交易的核心通常还是PPP合同。这种合同通常以特许合作协议或类似文件的形式在公共机构（"缔约政府部门"）和私营公司（"社会资本"）之间签署。

PPP交易具有复杂性和精密性，其中涉及大量谈判来反映某一基础设施项目的特征，这通常意味着编制和完成PPP合同需要耗费相当多的时间和费用。因此，许多人提出建议和设想：是否可以通过规范缔约政府部门和社会资本之间的特许合作协议或其他PPP合同中的规定，来降低成本并缩短PPP交易过程所需要的时间。一些国家已经为不同类型的基础设施项目（如道路、铁路、港口或发电）制定了完全标准化的PPP合同。然而，到目前为止，国际上并没制定此类协议的通用合同文本。

由于全球进行的PPP交易种类繁多，各国存在不同的法律制度，同时又需要"定制"合同条款来处理具体的项目，不太可能实现制定一个在全球范围内适用的完整的PPP合同。尽管如此，研究在实际情况中每个PPP合同/结构中都涉及特定法律问题的某些合同条款，例如不可抗力、终止权利或争议解决等方面，应该是有益的。

在此背景下，世行集团制定了《关于推荐的PPP条款的报告（2015版）》（"2015报告"）。这是多边开发银行首次尝试为PPP中一系列常见的条款编制"建议"文本。在就"2015报告"的内容进行内部和外部讨论后，2017版的内容反映了讨论期间收到的业界反馈。本指南的目的是协助其目标受众，即缔约政府部门，特别是在新兴PPP市场的缔约政府部门，更好和更全面地了解"2015报告"中概述的合同条款。因此，除了其他事项外，此版本还就特定国家PPP经验的不同水平和不同的法律制度的特点，详细解说与缔约政府部门有关的重要考虑事项，以帮助他们在制定合同条款时，认真评估其具体的PPP项目和有关管辖权的具体问题。在全球基础设施基金（GIF）的支持下，此版本还增加了两个新的章节，即债券融资部分和企业融资部分。

作者想强调，本指南所载的草案范本既不是全面的，也不是硬性规定性的——具体而言，这些草案范本并不意味着强制性用于世行集团资助的所有PPP交易。相反，本指南的目的是制定和分析构成诸多成功PPP交易的合同语言，并介绍这些条款的理论基础。为此，本指南的作者希望能够促进与建立与这些条款相关的讨论和共识，并在PPP交易中普遍采用适当的合同语言，以期帮助减少PPP合同开发的时间和费用。

如同其他的此类文件，本指南还需强调一些注意事项。如上文所示，PPP项目通常非常复杂，在有资质的法律、财务和技术专家的协助下，需要由缔约政府部门和社会资本进行广泛的尽职调查，然后才能签署PPP合同和相关协议。在这方面，本指南的内容仅为缔约方进行PPP项目合作提供一个建议的起点，也只是缔约方应投入时间考虑的众多事项之一。

此外，本指南中列出的许多条款将影响PPP交易中的风险分配。要评估交易中风险分配的公平性，只能通过考虑完整的PPP合同和相关协议。在适当情况下，本指南所推荐的合同语言与《政府与社会资本合作风险分配报告（2016版）》中的风险矩阵示例相关联。该报告由全球基础设施中心（GIH）发布，其中详述了在典型的PPP案例中风险是如何在政府与社会资本间分配的。同样应该指出的是，本指南主要侧重于基于项目融资的PPP项目，这一点反映在重视对保护贷款方权利和再融资的利益共享。

最后，作者想强调，作为第二版，本指南的出版是一个不断完善的过程。作者的目的是进一步收集业界反馈信息，就本指南涉及的合同条款达成共识，或与PPP的成功交易相关的其他合同语言互通有无，从而进一步完善本指南。

克里斯蒂娜·保罗

华盛顿特区

2017年6月

术语的定义

本指南中术语的含义如下,"草案范本"中使用的大写术语在该章节另行定义。

基本情形股权内部收益率	含义参见第5章再融资。
缔约政府部门	指与社会资本签订PPP合同的政府机构。
荷兰模式	指2016年出版4.3版的《荷兰标准PPP合同》,4月的住房部分和6月的基础设施部分。参见附录:其他PPP相关资源。
股权投资者	指在任何时间持有股权的股东和/或其总公司,具体含义根据上下文而定。
预计项目成本变更	含义参见第3章法律变更。
澳大利亚PPP指南	指澳大利亚基础设施与地区发展部出版的《国家PPP指南》中的第3卷《国家社会基础设施的商业原则》(2008年12月版)和/或《国家PPP关系准则》中的第7卷《国家经济基础设施的商业原则》(2011年2月版)。参见附录:其他PPP相关资源。
贷款方	指在PPP项目中,根据优先级融资文件向社会资本[和/或债券发行人——参见第9章债券融资]提供优先级债务的资金方(不包含提供股权劣后债的股东及其关联方)。
重大负面政府行为	含义参见第2章重大负面政府行为中的重大负面政府行为。
原始基本情形	含义参见第4章解约金。
缔约方或缔约各方	指缔约政府部门和/或社会资本,具体含义根据上下文而定。
PPP	指政府和社会资本合作。参见"PPP合同"的定义。
PPP合同	指缔约政府部门和社会资本之间为提供公共资产或服务而签订的长期协议。社会资本承担大部分的风险和管理责任,其收到的回报与项目绩效挂钩。[①]
PPP项目	指PPP合同项下的标的项目。
社会资本	指与缔约政府部门签订PPP合同的私营部门公司,该私营部门公司多数情况下以特殊目的公司的形式存在。

---

① PPP在国际上没有统一的定义。该定义采用自2017年4月《世界银行政府和社会资本合作参考指南(3.0版)》中提供的定义。参见附录:其他PPP相关资源。

续表

项目相关协议	指PPP项目中的［任何购销协议、建设合同、运营和维护协议、土地租赁协议等］。①
优先级融资文件	含义参见第4章解约金。
股东	指在任何时候持有项目公司股份的任何人，［根据融资和持股结构进行适当调整］。
南非PPP指南	指南非财政部于2004年3月11日发布的《标准化合同（草案）指南：第一册》。参见附录：其他PPP相关资源。
UK PF2指南	指英国财政部于2012年12月5日发布的《PF2标准化合同（草案）指南》。参见附录：其他PPP相关资源。

---

① 因项目的不同，协议的内容和名称会有所不同。指社会资本签订的与PPP项目有关的实质性合同。

具体项目中的PPP合同

《指南》的目的

本指南旨在针对PPP合同和/或其相关协议中涉及的具体条款,为缔约政府部门提供相关分析并指导法案的起草,以成功实现PPP项目的融资,从而为缔约政府部门提供期望的服务或资产。本指南借鉴了过去20多年间PPP国际市场实践,内容涉及政府机构发布的、为缔约政府部门提供支持的指导文件,以及PPP项目中为缔约政府部门提供支持的法律顾问、社会资本和不同类型的资助者的广泛经验,且同时兼顾了发达国家和新兴市场。凭借这种独特而全面的视角,本指南通过贴近现实的视野来分析合同中的问题及其导致的结果,从而帮助缔约政府部门在选择PPP作为其基础设施实施方式时,能够对自身及社会资本的期望进行管控。①

在阅读本指南提供的细节分析和合同条款之前,缔约政府部门首先要了解目前PPP项目的整体开发环境。这是因为每个PPP项目的具体情况能够影响并决定其PPP协议及相关协议的起草。

为此,下文概述了政府组建PPP项目的目的、PPP的内容、各方之间风险分配的关键因素以及确保"融资可行性"的方法,并概述了针对不同的法律体系、行业和国家的不同的PPP合同方案。在制定和协商PPP合同的条款时应考虑到这些因素。

本指南还包括与以上方面相关的详细信息的链接,所有信息都将展示缔约政府部门如何为建立其特定的PPP项目而制定PPP合同的具体条款。参见附录:其他PPP相关资源。

A. 采用PPP模式的基础设施发展概况

全球越来越多的政府正在建立PPP项目,作为建造和维护基础设施以及

---

① PPP财政风险评估模型(PFRAM),是国际货币基金组织和世界银行于2016年制定的一项用于评估与预期PPP项目相关的财政成本和风险的工具,旨在帮助各国政府就是否采用PPP模式采购项目做出明智合理的决定。参见附录:其他PPP相关资源。

交付其他资产和服务的方式。其中，常见的目的包括：

- 在不影响公共服务质量的前提下减少基础设施的建设和维护成本；
- 加快新开发和修复类基础设施的建设和已开发基础设施的扩建需要；和
- 提升从社会资本提供的创新技术和服务中获益的能力，充分发挥社会资本的专业能力。

B. PPP合同的内容

国际上还未出现统一的PPP定义，尽管如此，PPP合同中应体现的PPP项目的核心要素包括：

- 私营部门（社会资本）和政府部门（缔约政府部门）之间的长期合同；
- 提供新的或现有的公共资产或服务；
- 社会资本承担重大风险和管理责任；和
- 社会资本获得的回报与绩效相关。[①]

虽然在不同类型的PPP项目中，缔约政府部门通过PPP合同让渡给社会资本的责任（如设计、建造、融资、运营和维护）有所不同[②]，但社会资本承担的融资责任是关键因素，因为这样能够确保社会资本在财务上有所担当并且有动力去履约合同。

C. PPP模式的融资结构

在大多数PPP合同中，社会资本是一家专门组建的项目公司，通常被称为"特殊目的公司"或"特殊目的载体"（简称"SPV"）。项目公司则通常通过股东提供的股权投资结合由贷款方（Lenders）（可能是商业银行，债券投资者或其他资金提供方）提供的第三方贷款来共同支付PPP项目的成本。项目公司需在投标准备中对第三方出资人的选择以及此类资金的融资成本做

[①] 关于"PPP合同"的定义，参见术语的定义以及相关的脚注。

[②] 在本报告中，例如，医院的PPP合同可能涉及社会资本设计、建设、融资和维护医院，但只提供某些运营服务（如清洁、餐饮等），而临床服务由缔约政府部门提供。其他类型的PPP合同（例如大学住宿区或收费公路的设计、建造、管理和融资）可能涉及更全面的运营服务。

出细致的考量。

项目公司在实施PPP项目中遭受的损失将首先由股东承担，只有在股权投资首先遭受损失之后，贷款方才会受到不利影响。这意味着相对于贷款提供方（Debt Provider），股权投资者（Equity Investor）承担着更高的风险，并对投资回报有着更高的要求。由于股权资金通常比贷款资金的融资成本更高，出于降低PPP项目总体加权平均资本成本（WACC）的考虑，应使用尽可能多的贷款来为PPP项目（一般为项目总投资的70%~95%）筹集资金，进而减少缔约政府部门采购设施与服务所支付的费用。预期股权回报的水平取决于PPP项目的特定情况，但竞争性投标过程的优势之一就是促使投标人通过竞争找到为缔约政府部门提供最物有所值的融资方案。

从股权投资者的角度来看，以这种方式限制其在一个PPP项目中所承担的资金投入，推动了他们组建其他更大（甚至更多）的项目。

PPP项目融资的一般架构是"无追偿权"或"有限追偿权"：在无追偿权[①]的PPP项目中，贷款人只能从项目收入中获得清偿，而无权对股东进行追偿；而在有限追偿权的PPP项目中，贷款方主要依靠项目收入收回贷款，但对项目公司的股东也有某些附加的追偿权。

目前，市场上已有国家或公共采购部门对项目公司提供股权投资的案例，比如英国的"为未来建设学校"项目、苏格兰的非营利分配项目，和一些比利时的项目等。通过共同持有项目公司股权的方式，可将缔约政府部门和社会资本将双方的利益统一起来，不仅在运营层面促进双方的合作，而且有了缔约政府部门的直接参与可提升PPP项目融资的吸引力。需要提请注意的是，为防止双方的利益冲突，保证PPP项目决策过程能够迅速、高效、不受政治影响，双方需合理设计股权结构。由于新兴市场的股权投资者认为这种股权架构存在太多不确定性，这种股权结构可能并不适合新兴市场，尤其不适合法律和政治环境不太稳定的新兴市场。

D. 结构图

下图为一个典型PPP项目的结构图。该图显示了典型PPP项目涉及的关键因素和涉及的各类合同。缔约政府部门通过与项目公司签订PPP合同，并

---

① 参见第9章和第10章，除债券或公司融资外PPP项目的其他融资方式。其他融资方式对缔约政府部门的融资考虑的影响，详见第1~8章。

与贷款人签订单独的"直接协议"(参见第6章贷款方的介入权)。贷款人为项目公司提供资金,并以项目公司的资产作为担保。贷款人还与施工承包商和运营维护承包商(一般是社会资本的子公司)达成"直接协议",根据PPP合同要求来建造和运营项目。股东/股权投资者拥有项目公司,并通过股权投资和股东贷款向项目公司提供资金(从资金回报的顺序来看,股权资金的回报应劣后于偿还贷款方提供的贷款)。

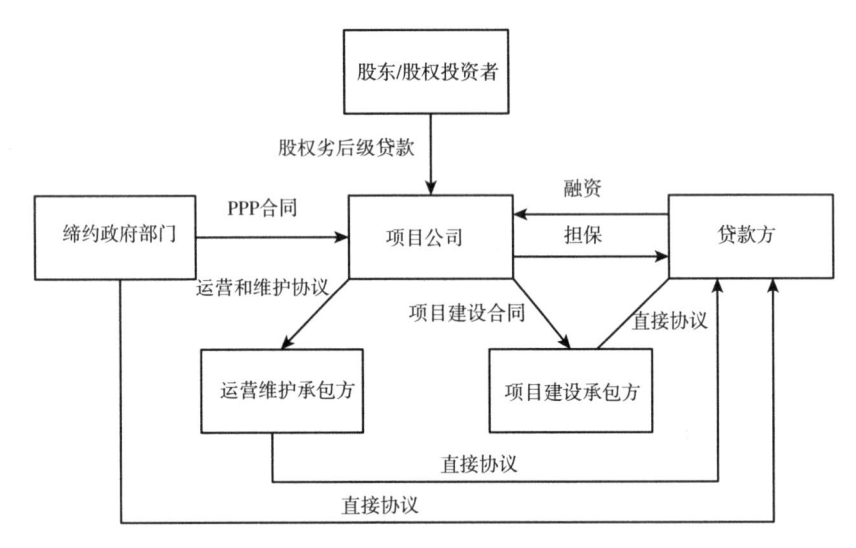

典型PPP项目结构图

E. 缔约政府部门对"融资可行性"的考虑

由于债务在项目总投资额中所占比例较高,且项目投资人在PPP项目以外寻求资金偿还途径的追偿权有限,因此第三方贷款人事先需进行严格的尽职调查,以评估PPP项目的"融资可行性"。想要使PPP项目具备融资可行性,贷款方首先需要确定项目公司有一定的偿债能力。

实际上,这意味着项目公司的运营期现金流必须足够高,能够偿还债务,且要提供可以接受的收益以应对现金流的变动风险。因此,贷款方需关注偿付机制和任何可能对项目预期收入产生不利影响的风险因素。在这个过程中,他们将评估PPP项目的技术和财务可行性,同时考虑所有重大项目风险以及如何在合同当事方之间对这些风险进行分配和管理。

以上事项也是股权投资者的关键考虑因素,他们的目的是保护投资,并确保项目公司能够创造足够高的收入,这些收入不仅能用来偿付债务,而且还能满足预期的股权投资回报。

从缔约政府部门的角度来讲，PPP项目的融资可行性决定了缔约方是否能通过PPP模式[①]采购基础设施。由于风险分配对融资可行性至关重要，缔约政府部门在设计PPP项目架构时就应尽力平衡风险分配——既要确保项目的融资可行性，同时也要避免由政府方承担不必要或不适当的风险。这是起草PPP合同条款和进行谈判的重要考虑因素。此外，缔约政府部门应考虑让贷款方在采购过程的早期阶段就开始参与，特别是在各投标方之间存在激烈竞争的阶段就开始参与，这样能使得缔约政府部门在签署PPP合同之前就了解并知悉该项目是否具有"融资可行性"。

F. 风险分配

PPP项目风险分配的基本原则，是能够将项目实施的风险分配给最有能力管理此风险或者最有动机承担此风险的缔约方。风险分配的前提是需要确定哪个缔约方能够最有效地控制发生这种风险的可能性，以及在风险发生时，行之有效地应对和管理这种风险。在评估可能产生的对成本的影响时，缔约方需考虑彼此承担此类成本的能力和成本对报价的影响，以及是否和如何抵消或转移成本影响（例如，将保费纳入向最终用户提供服务的价格，提高公路收费的价格，和/或通过纳税人分摊费用）。[②] 如本章E节所述，贷款人应密切参与上述的分析，政府采购流程应做好标书设计，将融资可行性的问题反映在标书中（可能导致修改条款），以便缔约政府部门能够在竞标过程中和签署PPP合同之前对融资可行性问题进行评估。

如果能认真评估风险并转交给能够控制或减轻风险的缔约方，这将降低PPP项目的总体成本，进一步实现缔约政府部门采用PPP模式的物有所值。因此，缔约政府部门应考虑保留和管理那些社会资本方不方便评估和无法定价的风险而缔约政府部门对其更有掌控能力的风险。这样，缔约政府部门能够避免向社会资本方支付风险溢价，因为风险溢价是因为要求社会资本方承担其不该承担的风险而产生的。

最重要的是，双方应努力在PPP协议中平衡合理地分配风险，为长期合

[①] 参见术语的定义中对"PPP合同"的定义以及脚注。

[②] 进一步了解为什么将风险分配给某个特定的缔约方，请参阅全球基础设施中心发布的《政府和社会资本合作合同中的风险分配（2016版）》中的风险矩阵。参见附录：其他PPP相关资源。

作伙伴关系提供适当的基础。这非常关键，原因在于为了实现物有所值，大多数PPP合同需要运行很长一段时间，通常长达15~30年之久。由于项目周期长且项目具有一定的复杂性，PPP合同无法详细列明整个项目周期中可能发生的全部风险。因此，PPP项目中的利益相关者需要面对在合同中并未明确约定的情况，在这样的情况下需就影响合同绩效的情况达成相互可以接受的解决方案来处理问题。在降低不确定性的同时，物有所值也会有所提升，因为不确定性通常会导致风险溢价（即社会资本期望更高的价格/回报来补偿其所承担的风险/不确定性）。因此，PPP合同应具有灵活性，以便在商定的合同框架内尽可能地处理出现的变化。

由于风险分配主要通过合同条款体现，因此，缔约政府部门不仅要理解PPP合同的架构和运作方式，还要了解PPP合同与项目相关协议、缔约政府部门签订的其他文件（例如，与贷款人签订"直接协议"——参见第6章贷款方介入权），以及影响其权利与义务的其他文件（如社会资本方的债务和股权融资文件）之间的关系。对于PPP合同本身而言，合同条款之间联系紧密，制约平衡，不能彼此孤立地看待——这就必须要求缔约政府部门全面了解PPP合同。

需要注意的是，风险分配会受到各种因素的影响，包括市场的成熟度、参与方的经验，以及投标人之间的竞争程度。一旦PPP模式在国家或行业中获得成功，PPP项目对股权投资者和贷款人越来越具有吸引力，PPP项目的竞标过程也就更有竞争力，新兴市场的政府和缔约政府部门也就更有能力将风险转移给社会资本方。

G. 其他PPP回报机制和风险分配

如本章E节所述，融资可行性的关键在于支付机制及每笔支付的方式受到何种影响。支付机制的模式也会影响到各缔约方认可的风险管理方式。社会资本可以通过三种途径来收取费用，包括向所服务的使用者收取费用，从缔约政府部门处获得支付费用，或以上两种方式的结合。这些途径的共同特征是，按绩效付费。

"使用者付费"模式——在使用此回报机制的PPP项目中，社会资本向用户提供服务，并收取服务费用（例如某些收费公路）以获得回报。该费用（用户付费或通行费）可以由缔约政府部门支付的补助来替代，补助可能是以绩效为基础的（例如符合约定的服务标准的可用性要求），或以项目产出情况为基础（例如单个用户的付费）。[①] 根据这种方式，项目公司及贷款方承担与PPP项目相关的"需求风险"，即有多少用户将花钱使用该资产。在发生如上述需求量不足的风险时，双方可能还有一定的空间可以通过适当地提高使用者付费的价格和/或延长PPP合同期限予以补偿。

"政府付费"模式——在使用此回报机制的PPP项目中，缔约政府部门是社会资本的唯一收入来源。在社会资本对用户需求量没有影响力（例如在医院或监狱），或用户需求太低或不稳定以至于不能为PPP项目带来足够收入时，往往会采用这种模式。缔约政府部门提供的付费通常取决于社会资本能提供多少符合合同标准的资产或服务，无论其使用量如何。这种模式一般被称为"可用性付费"。在这种模式下，项目公司及贷款方面临着缔约政府部门的信用风险，需对政府信用进行审慎评估。

H. 会计处理注意事项

对于政府而言，另外一个考虑因素是有利的会计处理，因为以PPP模式进行的投资将被记在政府的"资产负债表"之外。然而，全球的会计机构担心政府可能利用PPP来绕过支出控制（即将公共投资移出预算并将债务移出资产负债表），而实际上政府仍在承担着大量风险和或有负债。这一点使会计机构变得十分谨慎，也促使欧盟统计局、国际货币基金组织和各国的国家会计委员会（例如澳大利亚）等机构开始采取措施，重点关注PPP合同下的总体风险/收益平衡，以确定PPP合同是否应纳入政府资产负债表中。

例如，目前来讲，欧盟统计局要求欧盟各国政府遵循某些会计准则来处理PPP项目（ESA10）中的债务和赤字。这些问题的重点是如何在缔约政府部门和社会资本之间分配施工风险、可用性风险和需求风险，以确定必须采用的会计处理。根据这些规则（规则本身已经引起一些争论），由于风险/收益平衡原则，"使用者付费"的PPP合同已经不再在资产负债表中；而取决于合同中的风险分配，"政府付费"的PPP合同可能还应该存在资产负债表中。会计处理虽不是推动谈判策略的因素，但还是缔约政府部门应注意的事项。

[①] 在某些国家，"使用者付费"模式下的用户付费也可以由缔约政府部门提供的最低收入保证进行补充，以使项目具有商业可行性和可融资性。

I. 国别和特定行业差异

如上所述，PPP模式正在日益成为各国政府实施项目的模式。需要注意的是，PPP项目的风险因项目所在国、项目性质和涉及的资产和服务而有所不同。[①]

例如，同样在PPP模式下，道路项目与医院项目有很大的不同，医院项目也与机场项目具有一些非常不同的特征。同样，国防项目很可能会涉及不同于其他行业的国家安全问题。关键在于了解这些差异，并根据相同的原则，将每种风险分配给能够始终如一地管理风险的缔约方，以便最大限度地为缔约政府部门创造价值（通过PPP项目提供的服务的总体成本和服务质量来衡量）。

在某些情况下，可以找到"标准"风险矩阵和风险分配的示例样板，来推进特定类型的项目。在识别特定PPP项目的项目风险时，这些资源可能是有用的。然而，PPP项目通常具有独有的特征或环境（例如拟建道路的路线上的特定地质条件）。此外，在既定的司法管辖下，发达PPP市场的典型风险分配可能不适用于新兴PPP市场。这意味着缔约政府部门应聘用有经验的顾问来制定完整的项目风险清单，并仔细分析在每个具体的PPP项目中如何分配这些风险。[②]

J. 不同法律体系下的PPP合同

英美法系和大陆法系是当今国家采取的两种主要的法律体系，另外一些国家的法律融合了两种法律体系的特点。在本质上来讲，在英美法系和大陆法系的司法管辖下，两种PPP合同分配风险的方法基本相同，但是在合同中起草风险分配的方法以及可协商的程度可能因缔约方在达成定制的合同安排时享有的自由度不同而有所区别。

在两种体系下，判定谈判自由度的主要因素在于适用的采购程序和规则

[①] 例如，环境和社会风险（例如由于现有的潜在环境条件，对环境和/或当地社区造成损害的风险）会根据PPP项目的具体性质以及其涉及的资产和服务而有所不同。因此，需要特别注意找到这些风险及其影响，并将这些风险作为缔约方尽职调查的一部分进行评估。诸如风险分配的具体案例，参见全球基础设施中心发布的《政府和社会资本合作合同中的风险分配（2016版）》。例如，风险矩阵1：收费公路（DBFO）和风险矩阵2：机场（DBFO）中的环境和社会风险条目。参见附录：其他PPP相关资源。

[②] 对于具体行业的风险矩阵，参见全球基础设施中心发布的《政府和社会资本合作合同中的风险分配（2016版）》。参见附录：其他PPP相关资源。

是否限制了缔约方进行谈判的能力和其在招标过程中修改已经签订的PPP合同中的条款的能力，以及任何变更是否可能引起对采购的挑战或腐败的指控。在制定PPP合同的条款时，缔约政府部门应考虑到这个问题并将对合同条款的考虑加入招标文件中，以避免出现无法协商且得不到融资的PPP合同。

除了政府采购法中的潜在限制因素外，一般法律虽然不会明确指出其与PPP合同相关的法条，但这不排除PPP合同可能受到一般法的影响。在这种情况下，缔约方需要确认在这样的法律框架下，是否有可能和在何种程度上修改或放弃权利和义务（考虑到这也可能给第三方带来的影响，如用户）。根据这种分析的结果，缔约方可能希望明确地列出PPP合同隐含的法律条款，以增加合同的明确性。这些问题如何被提出，将完全取决于司法管辖区域和缔约方的关切，应该寻求专业的法律咨询。贷款方应同样关注这个问题。

英美法系——在英美法系制度中，缔约方通常享有广泛的合同自由度，法律很少对合同条款作出规定。司法裁决形成的先例指导合同纠纷的解决，也因此影响合同的起草。这种合同自由的一个影响是，任何合同安排都应明确地在相关合同中写明。在PPP项目的背景下，所有决定缔约方关系的安排应在PPP合同中予以阐明。

一般而言，英美法系下，一切没有被法律或合同明确禁止的事项都是可以接受的。如果一个政府正在开展PPP计划，那么出于公共政策的原因，该政府可能希望某些保护措施能够纳入适用的法律和/或纳入PPP合同。例如，政府可能希望明确禁止服务提供商切断欠费者的供水或供电，或对社会资本向用户收取的费用做出限定，以至于不违反相关国际条约中规定的政府义务。在交易信息自由的情况下，政府也可能要求披露与交易有关的某些文件。

大陆法系——大陆法系是一个法典化的法律体系，一般来讲比英美法系的制度更具规范性。大陆法系的基本权利和义务载于总体宪法中，在总体宪法的框架下颁布具体法律法规（如行政和商业法律法规）。另外，在许多大陆法系国家，良好治理的基本原则和其他行政法规会影响公共部门缔约方，并且诚实信用原则等广泛的义务也极大地影响了合同履约。一般来说，与英美法系国家的司法裁决相反，大陆法系的立法法规对所有人都是有约束力的（虽然判例法在大陆法系中也是相关的，例如当涉及经济困难概念和不可抗力等方面）。法典化的条款和潜在的基本原则可能隐含在大陆法系合同中，即使没有明确地体现在合同中。鉴于可以通过法律来纠正或解决差距或歧义，大陆法系一般不太要求对合同关系中的所有条款作出明确规定。因此，大陆法系合同通常不像同等的英美法系合同那么详细。

不管是英美法系国家或是大陆法系国家，所有缔约方需要了解基本的民法的运作方式以及民法如何潜在地影响缔约方的风险分配谈判，这点非常重要。PPP合同通常会受行政法指导，因此缔约方也需要考虑适用于合同关系的行政法原则（例如在涉及不可抗力权利或缔约政府部门自愿终止合同，或者由于情况变化，遭受经济困难的社会资本要求"经济重新平衡"或经济赔偿时）。

在合同中改变或绕过行政法原则可能是不合法的，这需要根据具体情况来判断。一些大陆法系的国家享有广泛的合同自由（例如荷兰）。然而，在其他大陆法系的国家，违背某些行政法原则或完全放弃某些权利是不太可能的，所以缔约方在谈判中需要考虑到这一点。如果基本法律原则适用于合同，缔约方应考虑的相关问题是PPP合同设置的具体内容。

一般来说，大陆法系越来越倾向于在合同中明确立场，使PPP合同清晰明了，而非依赖合同背后的法律条款。这样做的部分原因在于，一是这更为英美法系国家的缔约方所了解和熟悉，二是由于某些条款和规则的含义可能不太清楚，如果仅仅依赖于相关法律可能带来一定问题。另一种可能有效的替代方案就是在PPP合同中明确规定如何适用相关的行政法原则。

K. 一个成功的PPP合同的基础

在法律和行政体制中规范PPP模式并且有清晰透明的采购程序，是成功的PPP合同至关重要的条件。没有这一条件，社会资本不太可能投入时间和资源（财务和人力）来参与PPP项目采购过程，因为这个过程可能非常漫长，也可能面临失败的结果。在任何采购过程开始之前，英美法系和大陆法系的政府都需要考虑采取额外的立法措施来推进和规范PPP合同安排——这包括确保缔约政府部门具有签订PPP合同的法定资格与权利（即确保他们有权签订此类合同），并且以法律认可的形式来安排PPP项目。政府还需要考虑是否需要对特定行业的PPP项目进行具体立法，或者（特别是在大陆法系国家）是否要对一般法律作出修订以限制可能阻止或阻碍PPP项目成功采购的某些法律。这就要求在进行某些立法的时候，评估这些法律是否潜在地对融资、税收和安全等方面造成影响。①

稳定的政治、经济和法律体系和环境也是不可或缺的因素。虽然相关风险可以根据PPP合同来管理，但对某些社会资本来说，在政治、经济和法律环境不稳定的情况下，对PPP进行投资和贷款的风险有可能太高，尤其是与其他投资或贷款机会相比。出口信贷机构和多边金融机构的加入，可以增强股权投资者和贷款人对某些国家的信任。这不仅是因为这些机构能提供更有利的融资条件或类似政治风险保险这样的产品来保护他们的商业贷款和股权投资，还因为这些机构在政府层面建立的关系。同样，政府之间的双边投资条约也可能影响社会资本是否投资某些国家的决定。这些要素能够推动在这些国家的谈判中设立一个均衡的PPP合同，但这些要素本身不能取代PPP合同。

L. 结论：以具体项目为导向的重要性

正如本书从一开始就强调的，在缔约政府部门制定和协商PPP合同条款时，了解PPP项目的整体情况至关重要。风险分配能够直接影响融资可行性和采购价格，这决定了缔约政府部门或用户是否负担得起PPP项目，和PPP项目能否获得社会资本方的融资——以及最终是否可以通过PPP模式来提供资产和/或服务。万能钥匙式的（one size fits all）的PPP合同并不存在，PPP的合同条款也不能因其与合同紧密相连而被孤立地看待。

本指南旨在帮助缔约政府部门仔细评估在设置PPP合同条款中出现的针对本国PPP项目的具体问题和针对本国国情产生的具体情况。本指南也解释了之所以制定一些实质性条款的缘由。这些条款是缔约政府部门、社会资本方和贷款人在进行详细的风险分配评估和协商后制定的，并构成了全球许多成功的PPP项目的基础。其目标是帮助缔约政府部门自信且高效地对PPP项目的重要因素进行谈判，并减少合同谈判所花费的时间和金钱。这些花费在谈判上的金钱和时间往往成为国家无法负担PPP或者降低PPP合同可行性的罪魁祸首。

---

① 有关PPP法律框架的详细信息，参见2017年4月的《PPP参考指南3.0》。参见附录：其他PPP相关资源。

1 不可抗力

1.1 关键问题

1.1.1 不可抗力的概念

"不可抗力"原是大陆法系中的一个概念，现已广泛应用于商业合同中，包括英美法系司法管辖下的商业合同。

不可抗力实质上是指符合以下描述的事件或情形：

（a）不受缔约方控制的因素；和

（b）使合同一方无法履行全部或主要的合同义务（即此事件或情形对于履行合同有阻碍性质）。

1.1.2 PPP合同中包含不可抗力条款的目的

在PPP合同中包含不可抗力条款的目的是在发生不可抗力事件时，在缔约政府部门与社会资本之间分配财务和时间方面的后果。[①]合同双方设定不可抗力条款的前提是双方应当共同承担不可抗力导致的风险，因为不可抗力不受任何一方控制，且不存在一方比另一方更适宜承担不可抗力的发生及后续影响。

虽然这些规定通常是共同起草的，但社会资本通常是更会受到影响的一方。这就对缔约政府部门提出了如下重要问题，这些问题是第1章的重点：

（1）什么事件符合不可抗力事件的要求；

（2）作为不可抗力事件带来的影响（如成本增加和/或收入减少），社会资本是否应该获得补偿以及应该如何补偿；

（3）PPP合同项下的关键时间节点是否应该因不可抗力事件的影响而顺延，以及应该顺延多久；

（4）社会资本和缔约政府部门是否可以免于履行PPP的义务以及承担相

---

① 参见全球基础设施中心发布的《政府和社会资本合作合同中的风险分配（2016版）》。例如，风险矩阵1：收费公路（DBFO）和风险矩阵2：机场（DBFO）中的不可抗力风险条目。参见附录：其他PPP相关资源。

关后果(例如由于违约而终止合同的风险);和

(5)如果不可抗力事件持续了很长一段时间,是否应该终止PPP合同,以及应该如何确定合同终止补偿(如有的话)。

英美法系和大陆法系的差异

在一般法律的框架下,许多国家都有不可抗力的概念。在某些情况下,由于不能减损"不可抗力"在一般法律框架下的概念范围,这可能限制缔约方在PPP合同采取替代方案的自由。在大陆法系国家情况尤其如此。然而,绝大多数PPP合同都包括特定的不可抗力条款,无论其适用法律是大陆法系还是英美法系,因为这为缔约方提供了合同确定性,并避免在不可抗力事件发生时推迟问题的解决。这对于PPP项目中贷款方和股权投资者的可融资性也是同样至关重要的,并且是所有缔约政府部门都建议采用的方法。

参见法国的情况。①

1.1.3 与其他类型事件的关系

在传统的商业合同中,例如,在两家私营企业之间的合同,缔约方共同面对的不可抗力风险通常包括"天灾",如自然灾害和流行病(一般被称为"自然不可抗力")以及"政治"事件,诸如全国性罢工,国有化和公共部门拒绝授予许可(一般被称为"政治不可抗力")等。

在长期的PPP合同中,如果缔约一方是公共部门,PPP合同期限内可能发生的政治不可抗力的风险类型以及这些风险的分配,都应该被仔细检查。在实践中,通常很难决定不可抗力是否应该由缔约政府部门独自承担或者由各方共担,抑或由社会资本作为商业风险承担。这将不可避免地取决于所在司法辖区的具体情况、事件类型,以及如果将该风险分配给社会资本的话,社会资本如何在投标中对该风险进行估价。例如,尽管一般认为相关国家的蓄意行为,如PPP项目的全盘国有化,应该属于全部由缔约政府部门承担的政治风险。但是诸如发生战争这样的风险则取决于相关国家的国情。在几乎

---

① 例如,在法国,如果不可抗力阻止合同的履行,可以免除受影响的缔约方的义务。法国的判例将不可抗力事件的特征定义为:(i)超出当事人的控制;(ii)不可预见的;(iii)不可能克服的。

不可能发生任何形式的国内或国外战争的国家,那么社会资本愿意将风险视为共同承担的不可抗力风险,将对该风险的估价纳入投标报价的可能性相对较低。然而,对于不太稳定、战争风险较高的国家,社会资本可能不愿承担任何此类风险(或将对该风险的估价纳入投标报价,以至于报价非常高甚至令政府方无法承受)。在这种情况下,由缔约政府部门来承担该风险更为合适,或者可以将这种风险分类并单独处理,例如,内战归类为缔约政府部门风险,国外战争归类为共同承担的不可抗力风险。

如果政治风险事件由缔约政府部门承担,那么需要在制定合同条款中单独说明。在本指南中,此类事件被归类为"重大负面政府行为"事件。在合同条款中通常对该类事件设有单独的规定,如需更详细的解释,参见第2章重大负面政府行为。例如,菲律宾近期的PPP合同以及某些非洲发电站项目(如国际金融公司的赞比亚规模太阳能计划)中也有一些相同类型的方案。参见第2章重大负面政府行为。

在某些国家(如澳大利亚和英国),没有必要制定重大负面政府行为条款。因为社会资本认为发生政治风险的可能性不大,而且即使发生,也可以通过不可抗力的风险分配条款以及针对特定事件的风险分配单独设定的条款(如分配给缔约政府部门的缔约政府部门违约风险、法律变更风险或分配给社会资本的其他特定事件风险)来解决。[①] 参见重大负面政府行为第2.1.3节以及法律变更第3.1.3节。

在风险分配方面,没有绝对正确或绝对错误的做法,但基本原则是一致的——应该将风险分配给最有能力控制和/或管理风险的一方,PPP合同应该尽可能清楚地约定这些风险的分配情况。

英美法系和大陆法系的差异

缔约政府部门应将不可抗力条款与所谓的"困难条款"区分开来。"困难条款"是用来处理那些使一方履行合同的任务变得更加

---

① 这是一种区分方法,通常用来区分:(a)使社会资本享有同样类型的完全救济(既允许成本报销,也允许时间延长)的事件(有时称为"补偿事件");(b)只允许社会资本延长履约时间的事件(称为"救济事件");和(c)"不可抗力事件"(这是一种共同分担的风险,但由于一些政治和自然不可抗力的风险通常被视为救济或补偿事件,因此含义范围比较狭窄)。参见《澳大利亚PPP指南》和《英国PF2指南》。

困难（但并非不可能）的意外情况。这些条款来源于某些国家法令中的一些法律概念（例如法国），通常不会在英美法系国家的合同中出现。

值得注意的是，大陆法系国家的PPP合同经常会减损法定的"困难条款"，在法律有效的情况下达成双方同意的合同风险分配。这样做的目的是为缔约各方提供确定性，并且也是对缔约政府部门的建议做法。参见《具体项目中的PPP合同》J节。

参见法国的情况。①

1.1.4 不可抗力和项目相关协议

项目公司及其贷款方需要详细审查不可抗力条款，并确保项目相关协议中的不可抗力条款与PPP合同中的相关条款保持一致（在不可抗力的定义以及其后果方面）。根据PPP合同，项目相关协议提供给分包商的不可抗力保护不应大于社会资本所享有的不可抗力保护（这样才能实现"同等的项目救济"）。这样做是为了在发生不可抗力事件时，保证社会资本给予其分包商的救济不超过其本身在PPP合同中获得的救济。

同样，如果PPP合同中有条款规定社会资本在满足某些条件（比如履行通知及提供相关信息的义务）之后才有权要求不可抗力保护，这些条款也需要在项目相关协议中得到相应的反映。虽然这主要是涉及项目公司及其贷款方的一个问题，但是缔约政府部门也有必要确保这些要求自上而下地（flow down）从PPP合同传导到项目相关协议，以确保对PPP合同没有负面影响。参见重大负面政府行为第2.1.4节以及法律变更第3.1.4节。

虽然在国际上得到认可的建设合同②中的不可抗力条款可以适用于一些PPP合同，但从缔约政府部门的角度考虑，出发点应该是如何在PPP合同中设置合理的风险分配规则，然后将这种规则自上而下地沿用至项目相关协议，而不是自下而上（up from）。这可能导致PPP合同对不可抗力的处理与

---

① 在法国，行政法庭会执行困难条款（imprévision），即在合同的情况发生了不可预见的变化时（即不可预见的事件，即超出缔约方的控制，对合同的经济平衡产生根本的影响），允许一方通过增加合同价格来获得赔偿。与不可抗力事件不同，这种情况下必须履行合同。法国的PPP合同可以规定困难条款原则可以依据判例法得以援引，或明确规定触发社会资本要求补偿的财务上的临界值。

② 例如FIDIC（国际咨询工程师联合会）的项目建设合同格式。

建设行业的标准形式不一致。因为建设分包合同会反映具体项目中PPP合同中对不可抗力的处理方式，这意味着建设分包合同中对不可抗力的处理是会因为具体项目的情况不同而有所不同的。这种方式对于那些融资方仅享有有限追索权的项目是很合适的：项目公司需要把其在PPP合同中承担的风险通过项目相关协议转嫁给其分包商，以使得建设合同和运维协议等分包合同能与PPP合同"背靠背"地在风险上相一致。这种自上而下的规则结构对于PPP项目的融资可行性至关重要。

1.2 缔约政府部门的重点考虑因素

1.2.1 定义"不可抗力"的事件或情况

1.2.1.1 合同自由——在起草和协商不可抗力条款之前，缔约政府部门需要就各方在规范PPP合同的法律下享有合同自由的程度，寻求其法律顾问的意见，以便（1）定义PPP合同中不可抗力的概念；和（2）明确其后果。

英美法系和大陆法系的差异

在法律概念中已有不可抗力概念的国家（一般是大陆法系国家），缔约方减损不可抗力的法律定义、修改或制定自己定义的不可抗力的可能性有限，且必须根据具体情况进行验证。例如，法国的司法部门将不可抗力定义为超出缔约方控制、无法预测并且无法克服的事件。

在其他国家（通常是英美法系国家，但也包括荷兰这样的大陆法系的国家），缔约各方具备充分的自由权和能力共同对不可抗力的范围和后果进行约定。

参见荷兰的情况。[①]

1.2.1.2 不同的方法——定义不可抗力有两种主要方法：

（a）方法1：开放式总括型。涵盖受影响方无法合理控制的所有事件的

---
① 在荷兰，PPP合同通常可以包括放弃关于"不可预见事件"的法定权利的措辞——这种明确的措辞在诉诸法庭时可能更有说服力。

开放式总括型定义，且该定义应当满足某些标准，比如不可预见性和不可避免性，并且使得受到影响的一方无法履行合同义务。尽管有这样的定义方式，实践中仍会基于该定义而列举一些被认定为不可抗力事件的特定事项，同时应明确所列举的这些事件仅为陈述说明性质的事项，而非穷尽了所有的可能性。[①] 这种定义对于那些不愿对合同各方所设定义进行扩大解释的国家是可取的，以确保不可抗力事件的范围能涵盖相关事件。参见第1.2.1.3节和第1.4节以及草案范本1的第（1）条。

新兴市场和发达市场的区别

这种总括型的方法常见于大陆法系下的合同，并且可能更适用于新兴市场和不太稳定的PPP市场。管理符合定义标准的各种不可抗力事件产生的后果对在这些市场中的社会资本来说更为困难。例如，如果一国本身的可用资源有限，那么与资源丰富的国家相比，这个国家可能更加依赖外部供应链。

（b）方法2：列举型。列举说明受影响一方（直接或间接）无法控制且会阻碍该方履行合同义务的所有具体事件或情形。这一般包括政治事件（比如战争、恐怖行为、罢工和抗议等），自然灾害事件（比如地震、滑坡、洪水等）以及核爆炸等[②]。这类事件的风险适合约定为各缔约方共同承担。比如荷兰模式、《英国PF2指南》（该指南所列举的事件都具有不可保险性）和《澳大利亚PPP指南》都规定了一个非常有限的不可抗力事件清单。参见第1.5节以及草案范本1A中对"不可抗力"的定义。

新兴市场和发达市场的区别

一些在新兴市场中被认定为不可抗力的事件，在成熟市场中可

[①] 例如，缔约方可能想指定某些类型的恶劣和极端天气条件，以应对与气候变化有关的风险（与其具体项目有关），由于气候变化的影响可能越来越可预见，在大多数情况下，受影响方可能无法自行防范、避免或克服这些问题。然而，应该指出的是，目前仍然没有标准化的方式以明确PPP项目中控制严酷或极端的天气情况。同样地，缔约方应认真评估其PPP项目所在国家的法律制度是否允许在不可抗力条款下列入此类事件，如果不允许，社会资本是否可以通过自行投保来预防此类风险。参见第1.2.1.4节。

[②] 这也可能包括其他类型的恶劣和极端天气条件。在进一步明确此类事件时，缔约方可能希望特别处理与气候变化有关的风险（与其具体项目有关）。尽管如此，请参阅上一条脚注中作出的警告。这是第1.1.3节不可抗力的脚注所述方法的一部分。

能被认定为"救济事件",这样风险就落在了社会资本方。如果发生这样的事件,只允许社会资本免除因错过了PPP合同下的关键绩效日期(即"时间"救济)导致的违约责任。社会资本应该准备好审查这些风险并想好在成熟和可预见的市场中以最佳的方式去管理这些风险。参见《澳大利亚PPP指南》中的一些例子。

(c)排除型和程度型。除了方法1和方法2外,也经常看到如下情况:明确排除不可抗力定义之外的事件或者只有在某一事件发生到了一定程度时才可作为不可抗力事件。在这两种情况下,条款拟定的焦点就从什么是不可抗力事件转移到了什么不是不可抗力事件。比如,在某些自然事件频发的国家(比如季节性降雨导致洪水),此时社会资本在确定其拟投标的价格时的尽职调查之一就是,应当明确这样的事件到达何种程度才能算作"例外的"不可抗力事件(比如洪水的程度要达到[百]年不遇)。在某些大陆法系国家内,即使各缔约方明确将某些事件从不可抗力事件中排除,法院依旧有权将该事件视为不可抗力事件。所以,在这些大陆法系国家内,阐述排除这些事件的原因会有一定的帮助。

特定的行业也可能有具体的要求。比如要使国防类PPP项目在战争时期继续运行,则需排除某些事件;而环境类或者涉及化学物质处理的PPP项目中,如果社会资本意图处理某种程度的化学污染(比如医院或防护项目),也需要对不可抗力设置范围更窄的定义。

无论选择哪种起草方法,最重要的事情是:缔约政府部门及其顾问必须认真考虑相关PPP项目的具体性质和具体情况,确保相关定义适用于该PPP项目(而不是简单地采用以往PPP项目或其他行业和国家的项目中的条款),特别是考虑到不可抗力事件的重大后果和缔约政府部门的潜在责任(例如需要持续进行支付或最终导致项目终止)。

1.2.1.3 可预见性和可避免性——要被认定为不可抗力事件,其定义可能还要求该事件为不可预见的,或即使可以预见也无法合理避免的。各个国家在这方面的操作实践有所不同,这取决于相关的法律概念,或者各缔约方同意的不可抗力事件的性质和程度。

英美法系和大陆法系的差异

在许多大陆法系国家,不可抗力的法律定义要求从履行义务的一方来看事件是不可预见且不可避免的。因此,这些国家的缔约政府部门往往希望将这些要求纳入合同不可抗力定义,即使该风险事实上是可以预见的,还要加上一方无法控制和/或防止事件发生能力的合理性测试。参见第1.4节草案范本1第(1)(b)条。

尽管第1.4节草案范本1中说明了英美法系下(也包括一些大陆法系国家,例如荷兰)的PPP合同通常不会包含这种对"可预见性"的概念定义。参见第1.5节草案范本1A。然而,在某些情况下,在多大程度上可以合理地防止/减轻不可避免的不可抗力事件的影响程度,可能是决定是否获得合同违约救济的关键;同时取决于不同国家,这也可能影响保险理赔金的支付时间。

1.2.1.4 保险——缔约政府部门通常要求社会资本为重大项目风险投保(例如事故损失和第三方责任等)。在PPP模式发展的早期,不可抗力的定义往往是基于特定事件是否可以投保这一标准来确定的。如果针对某个政治或自然事件有相应的保险产品存在,则该事件不能被视为不可抗力事件。相反,"不可保险的"事件往往被视为不可抗力事件。目前,尽管在确定不可抗力事件和相关赔偿规定时,必须考虑缔约方在对某些风险投保并承担保费成本的能力,但保险和不可抗力之间并不是直接相关的。不可抗力的定义中可以排除某些可以投保的事件,因为社会资本可以通过投保来管理这些风险(并将保费成本计算在其投标价格当中)。同样地,可保险事件若被当作不可抗力事件,会影响到缔约政府部门同意给予的额外救济。保险理赔金[①](除非为补偿给第三方)也可以从应付的终止补偿金中扣除。政府缔约部门还应该预见到保险成本将在投标报价中体现出来——要么通过政府核准的用户付费("使用者付费"模式)转嫁给第三方用户,要么转嫁给缔约政府部门("政府付费"模式)。

一般来说,不可保险性会出现在单独的条款中,尽管一些国家可能不承认不可保险性的概念,或由于一般法律条款中已对这一概念作出说明,便不会在合同中提及这一概念。详细内容参见第1.3节和"不可保险性"的定义。

1.2.2 对社会资本无法履行合同义务的责任减免

当不可抗力事件发生导致社会资本无法履行合同义务时,缔约政府部门

---

① 或取决于涉及的国家以及应付理赔金的实际支付时间。

可能会被要求考虑社会资本是否有权获得任何救济。除了无法履行合同义务外，社会资本也可能需承担额外的费用，并因为无法开始或继续提供服务而承受收入上的损失。在建设阶段，竣工日期延后也可能导致社会资本产生额外的融资成本（比如在建设阶段的额外利息支出或者必须修改其还款计划）。在运营阶段，不可抗力事件也可能导致一定的固定成本（尤其是债务偿还成本），可能使得项目无法承担或使项目的财务情况受到重大影响。这在"使用者付费"模式和"政府付费"模式下都适用。参见《具体项目中的PPP合同》G节。

虽然不可抗力的根本原则是不可抗力造成的损失由各方自行承担，但各国对此采取了不同的方法。缔约政府部门应评估其在多大程度上准备好向社会资本支付赔偿金（例如继续支付可用性付费或其他补偿）以防止在不可抗力事件持续时在项目或融资协议中出现付款违约；和/或允许社会资本在PPP合同恢复之后弥补收入损失和造成的成本（例如通过延长运营期限或提高用户付费的价格）。

虽然PPP合同一般会明确规定一些额外的救济（特别是针对建设阶段的不可抗力事件），但是无法预先知晓发生不可抗力时哪种救济最为适当，因为影响可能是非常不同的（有些不可抗力事件可能比其他不可抗力事件有更大或更长时间的影响）。实际上，如果发生不可抗力事件，缔约方将讨论如何促进PPP合同的持续执行（包括就任何额外的救济达成协议），而且通常会以书面形式予以落实。参见第1.5节以及草案范本1A第（4）条。

确定救济时要考虑的因素包括是否可以对该风险投保（参见第1.2.1.4节以及第1.3节）以及不可抗力事件需要持续多久才能使缔约方有权终止PPP合同。因为在不可抗力事件的持续过程中不存在应付给社会资本的补偿，所以在PPP合同中，缔约方行使合同终止权之前的时间会相对更短。

在这种情况下应注意，如果合同最终终止，缔约政府部门很可能要向社会资本支付一定金额的补偿（例如金额至少应等于未偿还的优先级债）。参见第4章解约金。

通常，要求对不可抗力事件进行救济的缔约方将有义务采取合理行动减轻其影响，并向另一方提供一个减轻影响的策略，否则可能会影响其获得救济的权利。在某些例子中，缔约方可能会约定将某些措施排除在减轻影响的强制措施之外。

有关救济措施类型的讨论详见第1.2.2.1~1.2.2.8节。

1.2.2.1　违约责任减免——不可抗力事件影响社会资本履行合同义务的，一般允许暂缓履行PPP合同项目下的相关义务，避免社会资本违约。但是缔约政府部门应该确保减轻社会资本履行义务的程度不大于因受到不可抗力的直接影响而无法履行义务的程度。参见第1.4节草案范本1第（3）条和第（5）条以及第1.5节草案范本1A第（1）条。

在不可抗力事件持续时，通常认可社会资本可以免于继续履行受到合同影响的PPP合同项下的义务。参见第1.4节草案范本1第（3）条和第（5）条，以及第1.5节草案范本1A第（1）条。

1.2.2.2　损害赔偿救济——如果社会资本未能按建设阶段的重要时间节点（例如运营开始的日期）完成建设要求而必须向缔约政府部门支付违约赔偿的，通常应明确社会资本可以获得与因为不可抗力事件而无法履行其义务程度相应的救济。市场惯例是在PPP合同中应对此类救济作出明确规定。

1.2.2.3　延长运营期限——缔约政府部门通常明确允许社会资本在项目建设期间因为受到不可抗力事件影响而导致运营开始的延迟的，可以相应地延长运营期限。该救济包括推迟社会资本原本预计项目建设的竣工日期（相关的机制可能在别的更广泛地涉及延长期限的通用条款中列出）。

1.2.2.4　补偿增加的竣工前融资成本——不可抗力事件导致PPP项目无法如期竣工，则社会资本无法启动运营来获取服务收入，并以此偿还债务。这将导致项目产生额外的利息和因重新安排还款计划产生的授信费用和成本。如果社会资本在风险估价中将承担的这部分风险作价进风险估价，可能会影响到缔约政府部门采取PPP模式是否物有所值。最近几年来，一些国家（比如荷兰）的PPP合同已经明确规定针对这种风险的补偿，且会根据不同的负债类型和不同的延后期限而使用不同的机制。

1.2.2.5　持续可用性付费——在"政府付费"模式下（参见《具体项目中的PPP合同》G节），适合社会资本的风险分担模式可能为：（a）按照社会资本完全履行合同义务而获得持续付费；（b）获得经调整的补偿以覆盖社会资本的债务成本（但不包括因为不履行义务而节省的运维成本或产生的利润损失）；或（c）完全不能获得支付。这部分取决于保险的可用性（如业务中断保险）。另一种可能性是根据可以提供的服务的部分而调整履约范围，以尽量减少被扣减的付费。

新兴市场和发达市场的区别

在不可抗力事件持续期间能否获得补偿（或根据约定的付费机制不被扣减费用）可能因国家而异。在一些新兴市场中，在不可抗力事件期间进行额外付款并不常见，除非是在其控制范围内的政治不可抗力事件（即第2.2.1节所述的重大负面政府行为类事件）。

在发达市场（特别是一些大陆法系国家），缔约政府部门可能更愿意额外付款。但是，在英国等一些国家更普遍的现象是，PPP合同中会确定社会资本不能承担的特定风险（如某些波动的原材料价格），并明确当这些风险发生时提供经济救济。

1.2.2.6 提高用户付费价格——在"使用者付费"模式下（参见《具体项目中的PPP合同》G节），缔约政府部门可在PPP合同重启之后，通过提高收费金额或付费价格（例如供水或污水处理的费用）的方式补偿社会资本的成本增加和收入损失。缔约政府部门需考虑这种方式所带来的所有社会和政治后果，特别是在经济形势可能不稳定的新兴市场，以及增加相关的收费金额和付费价格在法律上的可行性。① PPP合同可能预先规定，如果不可抗力事件导致社会资本的成本增加，则可以适时撤销对社会资本制定的关于收费金额或付费价格的限制。然而，如果提高付费价格受限于监管法律，或者这些措施意味着高昂的政治风险，则即使在PPP合同中有正当理由，也不能增加用户付费。在这种情况下，缔约政府部门必须通过其他方式实施补偿。还应指出的是，贷款方可能考虑提高付费价格会增加总体的风险预测（比如用户需求可能会相应地降低），因此将更倾向于由缔约政府部门通过先期支付的方式进行补偿。

1.2.2.7 运营期限延长——如果缔约政府部门认为延长运营期限是对社会资本因不可抗力而承受收入损失的适当补偿，则缔约政府部门可允许延长运营期限。

1.2.2.8 补偿过渡期间的成本——尽管可以通过以上一种或多种方式（比如通过延长运营期限或调高用户付费价格等）给予补偿，在收到缔约政府部门实际支付的任何补偿之前，仍会导致社会资本成本增加（如资金成本等）。缔约政府部门可以采用在发达国家很常见的一种办法来解决这一问题，

---

① 较高的用户费用可能在商业上是可行的，但根据缔约政府部门/政府所签订的国际协定，可能是歧视性的（例如《经济、社会、文化权利国际公约》《消除一切形式的对妇女歧视公约》《儿童权利公约》）。

即允许社会资本为这类增加的成本寻求条件最佳的融资方式。如果融资失败或缔约政府部门对融资条款不予认可，则缔约政府部门成为最后的贷款方，或者被要求先期支付补偿金。

1.2.3 合同提前终止

在许多PPP合同中，如果情况不太可能恢复正常或各缔约方无法在规定期限内就解决方案达成共识，则长期持续的不可抗力事件（通常超过6~12个月）将触发合同任一方行使终止PPP合同的权利。

如第1.2.2节所述，在不可抗力事件持续期间不向社会资本提供经济补偿的情况下，社会资本可能会在更短的时间内获得终止合同的权利——通常是当不可抗力事件已经持续180天（6个月）或更长时间时。参见第1.4节草案范本1第（8）条和第1.5节草案范本1A第（5）条。

在确定合同终止权时，一些国家可能会对不同的不可抗力事件类型进行区分。例如，根据《澳大利亚PPP指南》，缔约政府部门可以在发生"不可保险性的不可抗力"事件之后的任何时间终止合同（因为缔约政府部门自己是最后保险人）。参见第1.3.4节。

新兴市场和发达市场的区别

如果社会资本能够基于受到持续的不可抗力事件的影响而终止PPP合同，那么缔约政府部门可能希望规定其可以选择要求社会资本继续履行PPP合同，前提是社会资本得到充分的补偿。例如，根据《澳大利亚PPP指南》和《英国PF2指南》，缔约政府部门有权在特定期限之后通过向社会资本支付费用，以防止社会资本自行终止合同，如同社会资本提供了完整的服务（在有可适用的风控义务的条件下）。这种做法在更为成熟的PPP市场中更加常见。参见第1.5节草案范本1A第（7）条。

1.2.4 因不可抗力提前终止合同的费用

如果PPP合同允许因持续的不可抗力事件而提前终止，则通常规定，缔约政府部门向社会资本支付补偿，以反映该不可抗力事件不是由任何一方的过错而产生的，相关的财务后果应该由双方共同承担。这并不意味着缔约政府部门应该支付"全额"赔偿（即偿还所有债务、股权和违约费用），因为这会导致缔约政府部门承担所有的财务后果。一般的补偿原则为社会资本失去所有的预期股权收益，但仍然能够偿还其所有未偿还的优先级债，这足以解决项目的融资可行性问题。参见第4.5节终止支付和第4.7节草案范本4（附表）第（3）条。

新兴市场和发达市场的区别

如果某些自然风险是可投保的（并且可以合理地预期是为良好的运营操作投保的），则缔约政府部门很可能在就此类事件不提供终止赔偿的谈判中胜出（或者根据获得的（或者是可获得的，参见第1.2.1.4节）保险金额来减少缔约政府部门需支付的费用）。这在一定程度上反映了第1.2.1.2（b）条中提到的更发达市场的做法，其中这些类型的事件可能会被归类为应有社会资本承担风险的"救济事件"，而且只能享受时间救济（但是没有合同终止权）。这当然将取决于社会资本及其贷款方的风险评估。在PPP合同中应明确针对不同类型的不可抗力事件预先约定不同的应对方法。

1.3 不可保险性

1.3.1 PPP合同包含不可保险性条款的目的

第1.2.1.4节提到，缔约政府部门应考虑社会资本在PPP合同项下需要为哪些事项投保。相关保险的可用性、费用以及购买该保险需尽的义务影响着发生某些事件（比如不可抗力事件）时的风险分配方式，以及应收的保险赔付款应该从补偿金中如何扣除。

如果所要求的保险变得不可用、保险覆盖范围收窄或者保费增加，则股权投资者和贷款方会试图在PPP项目合同中寻求相关保护。若PPP合同中没有明确保护条款，则不可保险性的风险一般会由社会资本承担（为了维持该不再可用的保险，社会资本也会违背其义务）。依据PPP项目的具体情况以及项目公司及其贷款方的风险评估情况，这将导致一定的风险溢价（如果项目依旧能够获得融资）。有些司法体系通过一般法律条款来规范关于不可保险性的问题，或者对不可保险性的概念不予认可。[①] 因此，缔约政府部门应就相关的合同条款及这些条款与一般法律的相互关系征求专家意见。

如果某项必要的保险在PPP合同谈判的时候存在不可保险性风险（例如针对恐怖主义和蓄意破坏行为的保险），则可以通过制定相关的合同条款予以规定。

1.3.2 "不可保险性"的定义

通常，不可保险性不意味着完全不能获得保险。因此，这一词语具有一定的误导性。通常，针对某项特定的风险，不可保险性的定义涵盖以下几点：

（a）在国际保险市场上具有足够信用评级/声誉及财务情况良好的公司不对该风险提供相应的保险；和

（b）保费畸高（而不仅仅是更贵）——例如保费高到一定程度，以至于在国际保险市场上声誉/信用状况良好的保险公司一般不对该风险提供相应的保险。

新兴市场和发达市场的区别

在某些新兴市场，可能需要更广泛的参照标准来界定上述定义中的（b）项，例如，相关国家没有足够的承包商来进行有意义的市场实践比较。

1.3.3 不可保险性的后果

协商解决方案——不可保险性条款的效用一般是，如果某个特定风险根据约定的合同定义（且不是由社会资本的行为造成）变得不可保险，双方将协商出一个令双方都满意的解决办法来管理这一风险，否则缔约政府部门将会成为最后的保险人。如此，可用性付费的金额将由于社会资本不再支付保费而相应减少。为了确保持续运营，社会资本及其员工的责任需清晰划分，因此第三方责任险的情况稍有不同，缔约政府部门应有权选择自己承担风险

---

① 参见欧洲PPP专业中心（EPEC）/安理国际律师事务所发布的《PPP合同中终止和不可抗力条款——当前欧洲实践与指南综述》（2013年3月）中对保加利亚的叙述。参见附录：其他PPP相关资源。

或终止PPP合同（基于不可抗力的解约补偿金）。

减轻违约责任——缔约政府部门通常减免社会资本的投保义务，但仅限于并非由社会资本自身行为或疏忽而导致保险不可用的情况。如果是社会资本造成了不可保险性，则构成了PPP合同违约，从而可能导致缔约政府部门因社会资本违约而终止合同（参见第4章解约金）。

最后的保险人——如果缔约政府部门接受成为最后的保险人，它将对不可保险性的风险发生的后果承担责任。因此，缔约政府部门须有能力管理这个风险（例如通过自己承担保单或者以其他方式对抗潜在的成本影响）。缔约政府部门还应要求社会资本定期核查保险市场（例如每三个月一次）以了解是否可以再次为相关风险投保。

新兴市场和发达市场的区别

在就最后的保险人的方式进行谈判时，社会资本及其贷款方将仔细评估缔约政府部门的信用。因此，这种类型的条款更常见于PPP发展比较成熟的国家。而在PPP实践较新的国家，可能会存在更多争议与谈判，讨论是否应将购买某一特定保险列为义务，和/或是否将不可保险性事件发生的风险通过不可抗力条款进行规定。

1.3.4 终止

如果缔约政府部门是最后的保险人，且不可保险性的风险真实发生，PPP合同应规定缔约政府部门可以选择终止合同（基于不可抗力的解约补偿金以及第三方责任索赔金，如适用）或向社会资本支付金额相当于为了继续履行PPP合同而应付的保险金。根据《澳大利亚PPP指南》，只有在不可保险性风险发生且事件性质为不可抗力事件时，缔约政府部门才有权终止合同（但终止合同的权利一旦形成可以在其后的任何时间行使）。

鉴于不可保险性超出了双方的控制，人们普遍认为，如果合同因此被终止，则应给予社会资本一定程度的终止补偿，补偿金额可比照因不可抗力解约补偿金的计算方法。[①]

---

① 更多关于发达市场中不可保险性和草案范本的详细信息，参见《澳大利亚PPP指南》《南非PPP指南》《英国PF2指南》。

1.4 草案范本1

（开放式的术语定义，包括可预见性的概念）

不可抗力事件的定义

（1）在本PPP合同中，"不可抗力事件"指以下的任一事件、情形或一系列事件或情形的结合：

（a）超出受到该等事件、情形或者一系列事件或情形的结合影响一方（即"受影响方"）的合理控制范围；

（b）具有不可预见性，即使可预见也不可预防、无法避免，受影响的一方采取一切合理预防措施、给予应有关注也无法克服；

（c）直接导致受影响方无法履行PPP合同项下全部或者部分重大义务；和

（d）不是因受影响方违反其在PPP合同项下的义务或者社会资本违反任何其他项目相关协议义务而直接导致［义务应当包括遵守适用的法律］。

（2）如果符合以上第（1）条规定的标准，不可抗力事件包括但不限于以下情况：

（a）瘟疫、传染病和自然灾害，包括但不限于风暴、龙卷风、台风、飓风、暴风、暴雨、地震、火山活动、滑坡、海啸、洪水、闪电和干旱等；

（b）火灾、爆炸或者（非因社会资本、其承包方或任何分包商、供应商或服务商的疏忽而导致的）核污染、生物或化学污染等；

（c）（经宣战或未经宣战的）战争、武装冲突（包括但不限于敌意攻击、封锁、军事禁运等）、敌对、入侵、外国敌人的行为、恐怖主义行为、陷害或海盗等［各种情形都在该国境外发生］；

（d）内战、暴力反抗和革命、军事或篡权势力、叛乱、内部动荡或混乱、暴徒生事、非暴力反抗等［各种情形都在该国境外发生］；

（e）放射性污染或电离辐射［在该国境外发生］；或

（f）一般的劳动者反抗比如联合抵制、罢工、工厂关闭、怠工、占领工厂和场地等，不包括PPP项目及社会资本或其分包商特有的类似事件［在该国境外发生］。

不可抗力事件的后果

（3）如果发生了不可抗力事件且满足以下第（4）条的要求，受影响方有权免于履行其在PPP合同项下的义务。

> 针对具体项目的情形需要协商不同的不可抗力事件清单，同时需要考虑某些政治风险是否应该单独地视为重大政府负面行为。

（4）根据上述第（3）条寻求救济，受影响方必须：

（a）尽可能快地，在任何情形下应该在其发现不可抗力事件已经导致或者可能导致其无法履行本PPP合同项下的义务后［ ］（·）工作］日内，向另一方发送通知说明免除其在本PPP合同项下的义务的要求救济，通知内容包括（i）证明发生了该（不可抗力）事件的充分证据；（ii）事件性质为不可抗力的所有详情；（iii）事件发生的日期；（iv）事件可能的持续期限；和（v）为减轻该不可抗力事件影响而采取的措施详情。

（b）在收到上述（a）条款中提及通知的［ ］（·）工作］日内，向另一方提供救济请求的全部信息，以及受影响方为减轻不可抗力事件后果所采取的全部行动的信息；

（c）向对方证明：

（i）受影响方及其承包方，通过他们在被合理期待范围内采取的措施（未产生高额成本）无法避免该不可抗力及后果的发生；

> 这期间需要审慎考量——通知应该及时发出但是也要允许受影响方有合理的时间制定一个完整的风险控制的策略。

（ii）该不可抗力事件直接造成主张救济的必要；

（iii）受影响方无法用合理的方式（未产生高额成本）减轻主张的救济，合理方式包括寻求替代性服务、设备和物料以及建筑设备来源；

（iv）受影响方正在采取所有合理的措施尽力履行其在本PPP合同项下的责任。

（5）如果受影响方遵守了上述第（4）条的义务，则该方应当按其被不可抗力事件阻碍、妨碍或延误的义务履行程度免于履行其在PPP合同项下的相应义务。

（6）[如果上述第（4）条中要求的通知超出该条规定的时间后提供，则受影响方无权获得在信息被延迟期间的任何救济]。

（7）不可抗力事件结束后或者不再阻碍受影响方履行其在本PPP合同项下的义务时，受影响方应当尽快通知对方。发出通知后，应该继续按发生该不可抗力事件那一刻之前既有的条款履行本PPP合同。

因持续的不可抗力事件导致的合同终止

如果一起不可抗力事件持续的时间超出[（按日历）180~360]日，则任何一方都可以自由裁量，决定通过向另一方发出书面终止通知的形式终止本PPP合同，该通知在被收到后[三十（30）]日后生效。[三十（30）]日结束时，如果该不可抗力事件仍然持续，则应该根据[填写相关的终止条款]终止本PPP合同，而社会资本应当有权获得[填写因不可抗力而终止的补偿相关的条款]规定的补偿。

1.5 草案范本1A

（详细列出具体事件，不包括可预见性的概念。）

不可抗力事件的定义

"不可抗力事件"意指PPP合同签署后发生的：
（a）战争、内战、入侵、武装冲突、恐怖主义或陷害等；或
（b）核污染、生物或化学污染等，除非导致该等污染的原因是该社会资本或其分包商的违约行为；或
（c）超音速飞行设备造成的压力波。

直接导致任何一方（即"受影响方"）无法遵守本PPP合同项下的全部或实质性义务。

不可抗力事件的结果

（1）在发生不可抗力事件并导致受影响方无法履行其义务时，任何一方都无权因为受影响方无法履行PPP合同项下的义务或者因为受影响方遭受了任何损失或损害而追究该方的责任。为以下避免存疑（但不违背以下第（5）条和第（7）条的规定），因不可抗力事件导致的［社会资本违约事由］，缔约政府部门无权根据［填写社会资本违约的相关条款］终止本PPP合同。

（2）上述第（1）条中的任何内容都不得影响任何扣除权或不可抗力持续期间由于［填写定价与支付机制相关的条款］产生的任何扣除。

（3）在发生不可抗力事件时，受影响方应当尽可能快地通知对方。通知应当说明不可抗力事件的详情，包括受影响方履行合同义务受到影响的证据，以及为减轻影响而拟采取的措施。

（4）在收到上述通知后尽可能短的时间内，合同各方应秉持诚实信用原则并且尽到所有合理努力以期达成减轻不可抗力事件影响的适当约定，促进PPP合同的继续履行。

> 例如，如果不可抗力事件在项目建设阶段发生，则缔约各方应约定相关的关键工期可以向后顺延合理的事件，并考虑工期延迟带来的影响。

（5）如果不可抗力事件发生后［120］日之内无法达成一致约定，并且该不可抗力事件仍然持续或者其后果仍然使受影响方无法履行本PPP合同项下的义务超过［180］日，则任何一方都可以根据以下第（6）条的规定提前［30］日书面通知对方终止本PPP合同。

（6）如果PPP合同根据以上第（5）条或者以下第（7）条的规定终止：

（a）缔约政府部门应当根据［填写因不可抗力而提前终止的补偿相关的条款］支付补偿；和

（b）缔约政府部门可以要求社会资本将其有关任何［填写相关项目资产的条款］的所有权、利益和权利转移给缔约政府部门。

（7）如果社会资本根据上述第（5）条规定向缔约政府部门发出通知说明其希望终止PPP合同，则缔约政府部门可以接受该通知或者在收到通知后

[10]日之内做出书面回应说明其要求继续履行PPP合同。如果缔约政府部门向社会资本发出了继续履行的通知，则：

（a）自PPP合同根据上述第（5）条规定终止次日起，缔约政府部门应当向社会资本支付［填写可用性支付的条款］，如同完全提供了［填写服务相关的条款］一样；和

（b）PPP合同只有在缔约政府部门书面通知社会资本其打算终止PPP合同之日起经过（至少［30］日）后才可以终止。

（8）各方应当随时注意不可抗力事件的发生，并采取所有合理的努力阻止并减轻任何延迟的影响，同时受影响方应当在不可抗力事件持续过程中根据相关行业良好经验克服或最小化不可抗力事件导致的后果。

（9）不可抗力事件结束后或者不再导致受影响方无法履行其在本PPP合同项下的义务时，受影响方应当尽快通知另一方。发出通知后，应该继续按发生该不可抗力事件那一刻之前既有的条款履行本PPP合同。

2 重大负面政府行为

2.1 关键问题

2.1.1 重大负面政府行为的概念

重大负面政府行为的概念适用于合同一方是公共部门实体或政府的合同，如PPP合同。重大负面政府行为一般具有以下特点：

（a）延迟或阻止社会资本履行其合同义务；和/或

（b）对社会资本的财务造成重大负面影响；和

（c）属于公共部门实体/政府管控范畴，或者相较于社会资本而言，公共部门实体/政府能更好地进行管理的事件。

因此，与此类事件相关的风险由公共部门/政府承担。

重大负面政府行为事件也被称为"政治风险"或"政治不可抗力"。如第1章不可抗力所述，根据具体PPP项目情况，某些形式的政治不可抗力可视为共担的不可抗力风险（或在某些情况下甚至是社会资本风险）。在本指南中，重大负面政府行为产生的风险完全由缔约政府部门承担，并且通过各自的合同条款独立规定，因此重大负面政府行为事件与不可抗力事件二者之间泾渭分明。

2.1.2 PPP合同包含重大负面政府行为条款的目的

重大负面政府行为风险虽然不在社会资本的控制范围内，但社会资本可能会受到其不利影响。由于重大负面政府行为事件可能对社会资本履行其合同义务及获得付费的能力造成影响，因此，社会资本及其贷款方会仔细评估发生此类事件的风险，以期识别出重大负面政府行为风险并在PPP合同中将其摊派给缔约政府部门承担。参见第2.2.1节。

由于社会资本对重大负面政府行为事件的发生或应对缺乏掌控能力，将重大负面政府行为风险转移给社会资本可能会造成以下两种后果：（i）至少造成较高的风险溢价（可能导致使用PPP模式的价格过高），或（ii）导致项目无法获得融资。

因此，在PPP合同中设置重大负面政府行为条款的目的是将某些约定好的政治风险分配给缔约政府部门承担，以应对发生此类风险的后果，并向社会资本提供适当的救济和补偿。

2.1.3 与其他类型事件的关系

所有PPP合同都包含针对由缔约政府部门承担责任情形的条款，但这些条款根据具体的PPP合同和国家而有所不同。

新兴市场和发达市场的区别

在某些成熟的稳定市场中，由于社会资本认同发生重大负面政府行为风险的可能性不大，且能够通过不可抗力风险分配条款以及由缔约政府部门承担风险的特定事件（如缔约政府部门违约及法律变更等，这与第1.1.3节不可抗力脚注中描述的方式相对应）的独立条款应对，故在这些国家一般不设置具体的重大负面政府行为条款。然而，在澳大利亚，缔约政府部门通过类似重大负面政府行为的制度来应对与环境/原住民权利相关的风险。

而在不够成熟的市场中，缔约政府部门可能会认为同时规定了重大负面政府行为条款和不可抗力条款的PPP合同才能有效保证社会资本能够完成PPP项目，比如最近菲律宾的PPP项目。因为，在这些国家中重大负面政府行为发生的可能性已经或预计会增加，或因为这些国家从未成功管理期限较长的PPP合同，以及未经历政坛轮替导致的政治干预。

即使合同中包含了重大负面政府行为的条款，条款也可能因为各国的政治风险不同而采用不同结构。一些缔约政府部门也会选择将法律变更和缔约政府部门违约等事件列为单独的条款，而其他缔约政府部门则将这些事件列入重大负面政府行为的条款中。例如，《南非PPP指南》中列出了重大负面政府行为的条款，题为"不可预见的行为"，用于应对社会资本由于缔约政府部门不可预见的歧视性行为（包括法律变更）而遭受的重大财务影响（缔约政府部门违约通常以单独条款予以规定，本指南单独规定法律变更事项）。

因此，虽然并非所有PPP合同都包含类似第2.3节草案范本2中所规定形式的重大负面政府行为条款，但关键是确保PPP合同包含了这一概念，分配了风险并阐明了后果，以确保合同的明确性和融资可行性。参见第1.1.3节不可抗力和第3.1.3节法律变更。

2.1.4 重大负面政府行为及项目相关协议

与不可抗力一样，各方需要考虑如何将重大负面政府行为的相关规定自上而下地传导到其他项目相关协议中，从而使社会资本在所有合同中的合同地位保持一致。参见第1.1.4节不可抗力和第3.1.4节法律变更。

2.2 缔约政府部门的重点考虑因素

2.2.1 定义重大负面政府行为的事件或情形

2.2.1.1 定义列表——发生重大负面政府行为事件的后果由缔约政府部门承担，因此，缔约政府部门须仔细考虑什么事件可视为重大负面政府行为，以及如何使其风险最小化。建议约定一份定义明确的事件详尽清单，这些事件的共同特征是其发生会对社会资本履行其义务的能力、其在PPP合同下享有的权利或其财务状况造成重大负面影响。[①] 然而，应尽可能明确地界定重大的程度以避免发生争端。参见第2.2.1.3节和第2.3节草案范本2的第（1）条和第（2）条。

2.2.1.2 事件——如第1章不可抗力所述，政治风险（由缔约政府部门承担）和某些商业风险（由社会资本承担或共担）之间的分界线在实践中很可能难以划分。通常认为，重大负面政府行为事件包括国家的战争相关事件，以及蓄意的国家行为，如彻底国有化或征收PPP项目（包括在一段时间内间接实现的逐步征用），以及宣布暂停国际支付并限制外汇兑换。重大负面政府行为还可能包括缔约政府部门或其他公共部门不授予许可或不履行某

[①] 有时也存在互惠的情况——例如《南非PPP指南》中"不可预见的行为"条款也有规定对社会资本财务有利的情形。

些义务。①

除了这些较明显的政治事件外，还可能存在某些包含政治因素的风险，导致成本增加，并超出社会资本的控制范围。例如，由政治因素引起的罢工导致必须在当地采购的关键原材料价格飙升，或者码头罢工导致材料进口受阻。

值得注意的是，在所有的重大负面政府行为风险中，有一些更容易受到缔约政府部门的控制（例如由缔约政府部门控制或由明显是由其行动直接导致的事件而非由更高层或更疏远的政府机构引发的事件）。然而，这些风险的性质使得它们不能或不会由社会资本承担（或导致定价过高），因此市场惯例是这些风险由缔约政府部门承担。尽管这些事件都是缔约政府部门的风险，但将重大负面政府行为事件分类为"违约"和"不存在违约"事件更易于处理。

必须将PPP项目和各国的具体情况考虑在内，例如水务行业PPP项目中上游水污染的风险，或是在将要在PPP合同下运营的收费高速公路、港口或机场的特定距离内修建具有竞争关系的公路（尤其是免费公路）、港口或机场所产生的风险。

新兴市场和发达市场的区别

> 某些国家在政治上相较于其他国家更不稳定。如果政治事件（例如战争）发生的可能性极小，那么社会资本更能接受将此类风险视为共同承担的不可抗力风险。而在较为动荡的国家，某些事件更适合作为重大负面政府行为条款下缔约政府部门应承担的风险。另外，或许还可以区分某些政治风险，若在相关国家境外发生则视为不可抗力事件，若在相关国家境内发生则视为重大负面政府行为。缔约政府部门必须仔细考虑何种区分方式（如有）适合该国和PPP项目。参见第2.3节草案范本2第（2）条。

2.2.1.3　重大程度——在定义重大负面政府行为事件时，缔约政府部门还必须考虑相关类型事件的发生是否符合重大负面政府行为的定义要求并

---

① 重大负面政府行为不包括缔约政府部门/政府未能颁布对PPP项目顺利实施至关重要的法律。如果没有相关的法律框架，该PPP项目则不可能获得融资，社会资本也不会愿意花费时间和资源来竞标。如有必要，这类事件被当作PPP合同生效的前提条件来处理。

引发合同中阐明的后果。缔约政府部门可以约定特定标准，当某一事件满足该标准时，社会资本有权获得救济——例如可以设定事件对社会资本影响的"重大程度"的基本标准。然而，强烈建议缔约政府部门尽可能明确地界定该基本标准（例如参照PPP项目财务模型所确定的具体财务价值），因为任何针对"重大程度"不明确的表述都将立即引起有关其意义的争论。这一点同样适用于PPP合同中其他类似的条款。参见第2.3节草案范本2第（1）条。

2.2.2 对社会资本无法履约的救济

与不可抗力一样，社会资本也会担心由于重大负面政府行为事件而无法履行合同义务并因此导致收入损失。第1.2.2节不可抗力中提及的不可抗力因素有助于确定社会资本获得救济的权利。然而，由于重大负面政府行为风险由缔约政府部门承担，市场惯例是社会资本所得的救济应使其保持与未曾发生重大负面政府行为时所处情况一致。

PPP合同通常规定，社会资本根据其受到重大负面政府行为事件影响的程度，有权免除违约责任和免于履行PPP合同中规定的义务（包括支付延迟违约赔偿金的要求）。如果该事件发生在施工阶段，则社会资本通常有权根据合同延后关键项目节点，如开始运营的预定日期。第2.3节草案范本2第（3）~（5）条。

PPP合同通常明确规定，社会资本将继续获得缔约政府部门根据PPP合同所支付的款项，如同合同仍在履行一样；支付机制下的相关扣减将暂停。

缔约政府部门通常会承担责任，补偿社会资本由于重大负面政府行为而承受的损失和额外的成本，包括任何因缔约政府部门在重大负面政府行为事件之后未继续付款而导致的收入损失（及因此无法偿还贷款而导致的融资成本），以及减轻和纠正重大负面政府行为事件影响的成本（即增加的PPP项目成本）。与不可抗力的情形一样，社会资本仍有义务减轻其损失，其救济权的前提应为其遵守了通知和减轻损失的义务。参见第2.3节草案范本2第（5）条、第（6）条。

如果PPP合同能够继续执行，缔约政府部门可以协商通过提高用户付费和/或延长运营期限来补偿社会资本。参见第2.3节草案范本2第（5）条。

重大负面政府行为事件发生时的应对流程与不可抗力的情形类似。参见

第2.3节草案范本2第（4）条。

2.2.3　终止

与持续的不可抗力情形类似，如果重大负面政府行为事件持续超过一定时间（一般为6~12个月），则合同双方均有权终止PPP合同。参见第2.3节草案范本2第（8）条。PPP合同中有关这一点的表述在不同国家可能会有所不同。菲律宾近来的PPP合同通过将长期的重大负面政府行为定义为缔约政府部门的违约事件，从而规定了终止权。在某些国家，缔约政府部门仅有权在重大负面政府行为式的事件发生后自愿终止合同。

2.2.4　确定重大负面政府行为解约金金额

与将重大负面政府行为风险分配给缔约政府部门承担保持一致，因重大负面政府行为而终止合同所应赔付给社会资本的解约金应与缔约政府部门违约的解约金金额相似。参见第4.3节解约金和第2.3节草案范本2第（1）条。

缔约政府部门可以根据特定的重大负面政府行为事件来协商不同级别的补偿。例如，在缔约政府部门有明显的过错（如直接征用或未批准许可证等），缔约政府部门可能同意支付违约解约金，而针对不明显处于其直接控制和影响范围内的事件，同意支付的补偿金额也将减少（例如仍然至少能够偿还未清偿债务和股权出资）。这将完全取决于各个PPP项目的具体适用情况。

2.3　草案范本2

重大负面政府行为的定义

（1）就本PPP合同而言，重大负面政府行为意指在本PPP合同的有效期范围内，缔约政府部门或任何相关公共部门（如有必要须定义）的任何作为或不作为，或任何下文第（2）条所列的事件，并且（i）直接导致社会资本无法履行其在本PPP合同项下的全部或部分义务，和/或（ii）对其［成本或收入］［插入定义条款］造成［重大负面影响］。

> 在可能的情况下，应避免对重大程度的不明确规定，从而最小化发生争议的风险。如果使用"重大负面影响"来起草，建议参照特定的财务影响予以定义。

（2）就上述第（1）条而言，任何作为或不作为的行为意指且仅限于以下情形：

（a）在有关公共部门未授予或延长社会资本在PPP合约中履约和执行相关义务所需的许可或批准，而上述情形均应在［适用法律］要求的期限内授予或延长，除非此类事件是由社会资本未遵守［适用法律］所致；

> 如果该法律也涉及在本指南其他章节中的内容，如第3.3节法律变更，须谨慎定义适用法律。

（b）任何战争行为（不论宣战与否）、入侵、武装冲突或外国敌人的行为、封锁、禁运或革命［在（国家名称）境内发生］；

（c）放射性污染或电离辐射，［污染源来自（国家名称）境内］；

> 根据在不可抗力条款中采取的立场起草。参见第1.4节和第1.5节。

（d）暴动、叛乱、民众骚动、恐怖主义活动等［在（国家名称）境内发生］；

（e）任何罢工、合法怠工或不以影响受影响方行为为主要目的的、为了保护或提高受影响方的雇佣条件而发生的怠工［在（国家名称）境内发生］；

（f）征收、强制收购或国有化社会资本的任何资产或权利，包括社会资本的股份；

（g）任何对该PPP合约的合法性、效力、约束力或可执行性造成不利影响的相关政府部门的作为或不作为；和

（h）［添加与PPP项目相关的任何事件，如建造某些具有竞争性的基础设施（如PPP收费道路附近的免费公路）或污染事件］。

重大负面政府行为的后果

（3）如果发生重大负面政府行为，（i）应根据社会资本因重大负面政府

行为阻止、妨碍或延误义务其履行的程度免除其PPP合同下规定的履约义务，及(ii)在符合本条款[完整条款]规定的所有情形中，均根据本PPP合同有权获得补偿。

（4）为根据以下第（5）条获得救济，社会资本必须：

（a）在社会资本意识到发生重大负面政府行为后，应尽快（无论如何在[·]个工作日内）向缔约政府部门发出通知，说明其要求获得补偿和/或免除其在PPP合同中的义务。此后，各方应秉持诚实信用原则，考虑任何减轻重大负面政府行为影响的措施。 [请插入合理时间范围，如：7个工作日。]

（b）缔约政府部门在收到上述第（4）（a）款所述通知后，应在[·]个工作日内提供以下事项的详情：（i）重大负面政府行为，以及（ii）项目成本的预估变化和/或主张的收入损失及/或延误及/或社会资本未履行本PPP合同下的义务的情况。 [请插入合理时间范围，根据所需信息的详细程度。]

（c）向缔约政府部门表明：

（i）社会资本无法在不增加[重大]成本的情况下通过合理的措施避免此类事件或其后果的发生；

（ii）重大负面政府行为是项目成本的预估变化和/或收入损失和/或延迟和/或社会资本未履行本PPP合同下的义务的直接原因；

（iii）社会资本无法减轻或弥补时间成本和/或根据PPP合同所规定的义务减免；以及

（iv）社会资本正合理地努力履行其在PPP合同下受到影响的义务。

（5）如果社会资本遵守上述第（4）条规定的义务，则缔约政府部门应：

（a）根据发生的实际成本[和收入损失]补偿社会资本项目成本的预估变动； [起草时应反映缔约政府部门在此过程中是否继续向社会资本进行支付。]

（b）根据重大负面政府行为的程度，合理免除社会资本在本PPP合同下所承担的义务；和

（c）如果在[规定的建设期]期间发生了重大负面政府行为，并导致延迟实现[预定的服务开始日期]，则应合理地延后该日期。

（6）[如果在上述第（4）条所规定日期之后提供信息，则社会资本无权获得信息被延迟期间的时间延长、补偿或本PPP合同下义务的减免]。

（7）如果缔约政府部门和社会资本不能就任何补偿、已发生的延误或社会资本在本PPP合同下的义务减免达成一致，或缔约政府部门不认同发生了重大负面政府行为，则合同双方应根据条款［争议解决条款］来解决该问题。

因持续的重大负面政府行为导致的合同终止

（8）如果"重大政府不利行为"持续超过［（按日历）180~360］天，则任何一方可自行决定通过向另一方发出书面终止通知来终止本PPP合同，该终止通知在对方收到后［（按日历）30］日后生效。［在此［（按日历）30］日届满时，如果重大负面政府行为依然继续］，则应根据条款［与终止相关的条款］终止本PPP合同，而社会资本有权获得第［提及因重大负面政府行为而终止的补偿条款］条规定的补偿。

3 法律变更

3.1 关键问题

3.1.1 法律变更的概念

所有缔约方必须在法律规定范围内行事,并且在其履行合同义务的过程中综合考量因遵守适用法律而对成本、事件等其他任何因素所造成的影响。在容易受到法律变更影响的长期合同中,可以增加对合同签订时未能预见的法律变更进行约定。法律变更的形式多种多样,例如颁布实施新的法律、修订既有法律、颁布强制性的实践准则或引入具有约束力的新判例。根据适用不同的立法框架,这些法律变更在各个国家有所不同。

3.1.2 PPP合同中设置法律变更条款的目的

PPP合同一般会对社会资本必须遵守的法律进行明确约定。社会资本在投标报价时会对当时的法律环境进行尽职调查,据此考量其可以履行的义务以及如何报价。风险和不确定性会导致社会资本根据不确定性水平抬高风险溢价。

未预见的法律变更可能导致社会资本完全或部分无法履行、延迟履行其合同项下的义务或使履约成本增加。作为未预见法律变更的无过错方,社会资本仍会发现自己违约,且无法获得预期收益,同时还需要为遵守法律变更而承担额外费用。例如,若需要额外的基本建设工程(如为符合新的安全或环境标准,或被强制要求提供无障碍通道),则法律的某些变更可能导致开支大增,且可能在实施过程中减损合同履行的效果。额外的用户付费也会导致同样的情况。

大陆法系和英美法系的差异

在英美法系中,如合同中没有关于法律变更的约定,则法律变更风险完全由社会资本承担。因为社会资本已在合同中承诺按照约估价格提供特定服务,其义务的具体范围与估价如要变更,也只能根据PPP合同进行变更。

在大陆法系中，社会资本有时会通过困难条款等法律原则来避免在某些情况下承担不利的财务后果（参见第1.1.3节不可抗力）。然而，不管是大陆法系还是英美法系，贷款方和股权投资者都想在合同条款中明确法律变更及其潜在重大影响等事宜，因此在出现这种情况的市场中社会资本签订PPP合同的意愿不强。

不管是在大陆法系还是在英美法系，市场实践通常是在PPP合同中设置风险分配条款，将某一特定日期之后（通常与社会资本报价日期相关）发生的符合具有可预见性的法律变更所产生的风险进行明确分配，同时也约定法律变更的后果如何处理。法律变更只能由相关的政府部门实施，PPP合同不会（也无法）阻止法律变更。由于社会资本受到法律变更的影响而不能履行其合同义务，法律变更条款一般会使其免于承担相应的违约责任，同时对相应的合规成本以及PPP合同范围的必要修改等事宜进行处理。根据法律变更类型和PPP项目的具体情形，相应的处理方式也会有所不同。

3.1.3 与其他类型事件的关系

新兴市场和发达市场的区别

如第2.1.3节重大负面政府行为所述，许多PPP合同将法律变更当作重大负面政府行为（例如最近菲律宾PPP合同）。若PPP合同双方同意将对此类政治风险等同于其他重大政府负面行为来处理，则可能更为合适，因为在较不成熟的市场中，立法变化更普遍被认定为真正的风险因素。然而，普遍做法是把法律变更条款作为合同的单独条款，尤其是在法律变更并不会导致合同终止或者合同中已设置详尽的风险分配条款的国家（如在成熟的市场中）。无论如何，合同中不得对于同类事件在不同的条款下进行重复处理。

另一做法是单独变更法律条款，但要在另一条款中提供相关的补偿/救济的规定，为政府部门所承担的各种风险建立机制。例如，在澳大利亚、荷兰和美国部分地区均可见到此种做法。在这些地方，法律变更和某些其他的特定事件（有时称"补偿事件"）通常能赋予社会资本同类救济权（即成本补偿和时间宽限)。① 参见第1.1.3节不可抗力和第2.1.3节重大负面政府行为。

由于法律变更也可能影响所提供服务的范围,因此PPP合同明确规定了缔约方可以讨论和协商此类事项并实施必要变更的机制。为避免重复,合同各方在PPP合同的日常履行过程中,在一方提议的范围内应对相关变更事宜,通过变更程序来实现变更措施。

3.1.4 法律变更和项目先关协议

与PPP合同中的其他规定一样,根据项目相关协议,在处理法律变更时,社会资本给其分包商的保护,是没有义务多于社会资本在PPP合同项下所享有的保护的。参见第1.1.4节不可抗力和第2.1.4节重大负面政府行为。

3.2 缔约政府部门的重点考虑因素

缔约政府部门在协商法律变更条款时有许多因素需要考虑:

3.2.1 了解市场惯例

缔约政府部门在开始时可能会抵触向社会资本提供法律变更保护的想法。因为在同一国家内其他公司和投资人不能享受这些保护,这样对那些倾向于接受和控制法律变更风险的其他经济主体来说是不公平的。然而,正如上文所述和下文的更详细的说明中,有许多原因让这种保护在PPP采购中变得合理,其中关键是为基础设施建设争取长期的社会资本(包括国际参与方)融资。

3.2.1.1 缺乏灵活的定价机制——与那些能够将增加的成本转嫁给客户或者因为合同期限较短而可以评估风险的企业不同,PPP模式下的社会资本通常不具有相同的灵活性。社会资本会基于报价时的法律框架对PPP合同

---

① 这是第1.1.4节不可抗力的脚注中所述方法的一部分。

报价，而且PPP合同一般会包含所约定的在"使用者付费"模式和"政府付费"模式下的估价公式（参见《具体项目中的PPP合同》G节），这将限制提高估价的能力。尽管这些公式一般会纳入一定的指数以反映成本的通货膨胀，但是这些指数并不会补偿因法律变更导致的重大支出（比如资本支出）。因此，社会资本就无法收回这些成本，除非在PPP合同中有明确的规定。

如第1章不可抗力所述，即使支付机制使用"使用者付费"模式，理论上来说成本可以转移给设施使用者，但缔约政府部门可能因为公共政策因素（和消费者保护）而在合同中对提价机制进行限制。反对简单地增加收费或用户付费的另一个因素是，价格大幅上涨可能会降低用户使用服务的需求，导致PPP项目收入低于社会资本在原始基本情形中所预计的数额。

3.2.1.2 融资可行性——社会资本及其贷款方的出发点在于法律变更是其无法控制或处理的一种政治风险，因此在PPP合同中应当将法律变更的风险明确分配给缔约政府部门。即使缔约政府部门并不直接对法律变更负责，但是社会资本是有一定合理依据去认为由缔约政府部门承担这种风险更为合适和公平。[①]

新兴市场和发达市场的区别

法律变更风险分配是可融资性的一个关键因素，在法律变更可预见程度较低的国家则更是如此，或者更常见于欠发达地区或者法律、监管框架欠稳定的国家。

3.2.1.3 缔约政府部门的成本——即使社会资本及其贷款方愿意接受PPP长期合同中不利的法律变更风险，这种风险溢价也会被纳入合同价格（或用户付费）中。对法律变更风险的估价不仅很困难，而且如果最终没有发生法律变更风险，则缔约政府部门（或者终端用户）最终会承担不必要的高昂费用。

从缔约政府部门的角度来看，缔约政府部门承担的法律变更风险越多，社会资本提供服务的定价就可能越低。这就需要权衡将法律变更风险转移给社会资本带来的任何可预见的利与弊——考虑的因素应该包括重大的法律变

---

① 参见全球基础设施中心发布的《政府和社会资本合作合同风险分配（2016版）》——例如，风险矩阵2：机场（DBFO）和风险矩阵3：轻轨（DBFOM）中的监管/法律变更条目。参见附录：其他PPP相关资源。

·49·

更可能让社会资本从财务上无法继续履行PPP合同项提供相关的基础设施的义务，甚至无法获得融资并签署PPP合同。

缔约政府部门还应该注意，如果法律变更可以对社会资本的履约能力或成本降低带来利好，则缔约政府部门据此也应获得利益（例如，降低或提高某个成本高昂的关于健康和安全的法律要求和标准）。

3.2.2　法律变更的定义

虽然一定程度的法律变更保护是必要的，但是缔约政府部门应该认真考虑法律条款变更的范围。出发点是确定（a）什么是法律（通常称为"适用的法律"）来界定"法律变更"；（b）什么构成该法律的变更；（c）法律变更发生的基准日；以及（d）基准日之前的可预见性标准（比如是否"为公众所知晓"）。下文讨论这些因素。

3.2.2.1　**适用的法律**——缔约政府部门及其法律顾问需认真考虑"适用的法律"的定义，以及如何将其纳入其他定义（特别是"法律变更"的定义）。其定义将取决于相关国家，因为法律的实施方式各不相同。关键原则是它应限于社会资本依法必须遵守的义务，包括：

- 立法（法律本身必须就其明确定义）；
- 具有约束力的先例构成的判例法（例如在一些英美法系国家）；
- 具有约束力的司法、行政命令或法令；
- 在特定国家直接使用的或已纳入其国内法律的国际人权或环境条约[①]；
- 社会资本在PPP合同项下需要遵守的强制性行业指导原则；和
- 国际公约（例如在受到国际条约严格监管的部门，如机场），缔约政府部门将需要考虑法律变更是否能满足这些国际公约的要求，以及变更对社会资本的影响。参见第3.3节草案范本3的"所需定义"和"适用的法律"定义。

适用的法律通常包括税法，尽管它有时候是作为一个独立条款进行规定的。适用的法律不应当包括政府的审批或许可，这些应当在PPP合同中单独

---

① 如果缔约方同意社会资本应遵守不具法律约束力的机构或行业标准或原则，PPP合同通常会规定需要遵守的相关版本，例如，投标提交（或合同签名）日期的有效版本。其中的任何变更通常都不属于"法律变更"或者被要求遵守。

约定。参见第2.2.1.2节。

3.2.2.2 适用法律的变更——法律变更的定义需要参照适用的法律中是否对有效部分做了更改。在某些国家内，即使适用的法律本身没有改变，对适用法律的解释的变化也可能对社会资本交付并运营PPP项目的能力有很重大的影响，因此在确定变更的定义应该考虑到这一点。

英美法系和大陆法系的差异

> 根据管辖的范围，法律变更的定义也可以纳入对任何适用的法律的解释或适用方面的变更。这在英美法系尤为常见。参见第3.3节草案范本3"所需的定义"，以及"法律变更"定义。

3.2.2.3 基准日——社会资本在确定其估价和履行PPP合同义务的能力时，应已对法律框架进行全面的尽调。因此，法律变更只应包括在估价制定并提交的期间内未"为公众所知晓"的内容。这个日期是关键，通常不会晚于投标日期。然而，若社会资本有机会在签署PPP合同之前修改其估价，为了考虑到在过渡期间的法律变更，可将基准日定得晚一点。在提交投标书和合同签署之间的时间较长的情况下，这一点尤为重要。在没有招标过程的情况下，同样需要确定适当的日期（可能是提交最终估价的日期或合同签署的日期）。由于估价未能在一朝一夕确定，许多国家的惯例是将此日期设定在提交估价之前六周，以便在一个更加明确的基础之上确定估价。参见第3.3节草案范本3的"所需定义""适用的法律"定义以及对"基准日"的说明。

3.2.2.4 对法律变更的获悉——由于各个国家立法程序不同，在特定时间内，判断法律变更是否已经"为公众所知晓"需要结合案例具体问题具体分析。相关立法的基本原则是在估价日期颁布的法律草案也视为被公众所知晓，所以这些已被公众知晓的草案内容不构成PPP合同已经生效之后的法律变更。因此在此之后颁布并不会构成PPP合同项下的法律变更。在某些情形下，可能使用其他的"可预见性"标准更为合适，这些标准应当尽可能具有客观的确定性。若现有法律变更的提议会对社会资本在PPP合同项下的义务产生特定的影响或者造成其义务的不确定性（例如有关法律的颁布或实施范围的变化），那么可以在PPP合同中对此情况予以特别地规定。参见第3.3节草案范本3的"所需定义"和"适用的法律"定义的(b)款。

3.2.3 不同的风险分配方式

分配法律变更风险有几种方法，但是缔约政府部门与社会资本分担法律变更风险的能力将取决于有关国家和行业的立法或监管波动的风险，以及市场成熟度。有多少增加的成本被转嫁给第三方用户也与风险分配的方式息息相关。参见第3.2.3.4节。

新兴市场和发达市场的区别

在某些新兴市场中，社会资本可能期望缔约政府部门承担所有形式的法律变更风险；而在其他新兴市场，社会资本会接受法律变更风险，但有一定的金额承受上限。

在更成熟的市场中，社会资本能够承担更多的一般法律变更的风险，但同时如在项目建成并运营后法律变更导致其产生了额外的基建建设费用，或是该法律变更的风险对于不同的社会资本、PPP项目或者是其提供的服务类型而有所不同，则社会资本会期望缔约政府部门承担该法律变更风险。缔约政府部门将需要考虑通过何种方式在负担能力、可融资性和风险转移之间寻找适当的平衡。

3.2.3.1 方法（a）：所有风险由缔约政府部门承担——在某些市场中，缔约政府部门通常承担法律变更的全部风险，并为社会资本提供充分救济。只有政府承担所有的法律变更风险，才有可能获得社会资本融资。如第3.2.1.3节所述，这种风险分配也可使社会资本提供更低的价格，因为无须将风险估价纳入招标价格中。

新兴市场和发达市场的区别

尽管缔约政府部门可能在PPP项目开始时承担所有法律变更风险，在相关国家积累了相关案例和/或法律环境成熟后，可以在法律体系的稳定性和可预见性上给社会资本带来更大的信心。此时，再进行PPP项目采购的缔约政府部门可能会寻求将某些风险转移给社会资本。参见第3.3节草案范本3。

3.2.3.2 方法（b）：基本法律变更风险由社会资本共担——社会资本与

缔约政府部门之间分配法律变更风险的一种途径为设定最低成本门槛，一般按年度计算，若低于该门槛，社会资本将得不到补偿。换言之，社会资本只有在有能力证明由于法律变更而产生的总成本在指定时间段内（例如，每个日历年）超过约定门槛的情况下才有权获得补偿。根据设定的适当门槛，这种方法通常可以被贷款方所接受，因为它可使风险量化。与下述方法（c）不同，方式（b）没有在一般的法律变更和区别性法律变更之间进行区分（尽管税法的变更可能必须带有区别性才可行）。菲律宾最近的 PPP 合同中便采用了这种方法，在第3.3节草案范本3给出了相应例子。

新兴市场和发达市场的区别

缔约政府部门需要根据所处的国家考虑这种基本的风险分配方式是否物有所值，因为其可能会导致过高的风险溢价。

某些 PPP 合同中，"重大程度"是判断法律变更的标准，但若没有清晰的财务性标准，此时设定一个清晰的标准价格是更有利的方式。这种方法为缔约方（或贷款方）带来不确定性，除非明确界定，否则很可能有争议。该方法的实例请见第3.3节草案范本3条款（3）（c）和第3.4节草案范本3A条款（3）（c）。

3.2.3.3 方法（c）：更成熟的风险分担方式——在过去二十年中，在一些国家出现了更为成熟的法律变更风险分配方式，并已成为标准化合同模板的一部分[①]。该方法的其中一个版本载于第3.3节草案范本3A中，并基于以下的风险分配：

- **区别性法律变更**——这些变更具有区别性，因为它们适用于 PPP 项目，而不适用于类似项目；或适用于社会资本，而不适用他人；或适用于 PPP 运营方，而不适用于其他缔约方。
- **特定的法律变更**——这些法律变更对 PPP 项目或与类似于 PPP 项目的服务或对提供服务的公司股东的服务条款造成影响（缔约政府部门将希望明确界定服务的性质）。

区别性和特定的法律变更风险由缔约政府部门承担，以消除社会资本的顾虑，他们担心可能实施的法律会将缔约政府部门或基础设施运营

---

① 请参阅《澳大利亚 PPP 指南》《英国 PF2 指南》和荷兰模式中"法律变更相关"定义。

方区别对待，由此可能会对其预期的回报带来不利影响。例如，这种情况可能包括因为相关项目由社会资本运营，而引入只适用于该项目或只适用于其业务的税收或额外收费；或有可能实施更为严格的环境法规，而这些法规却不适用于运营类似资产的公共部门。

- **要求运营期资本支出的一般法律变更**——这些属于一般的法律变更（即不含区别性法律变更和特定的法律变更），将导致社会资本在项目竣工后的运营期间产生资本费用支出。因为一旦PPP项目投入运营并且相关设施已经建成，社会资本将无法承担潜在高额成本，因此该等法律变更的风险也由缔约政府部门承担。

- **任何其他的法律变更**——上述一般法律变更以外的法律变更，包括项目建设期会导致基建建设费用支出的法律变更，其风险在整个PPP合同期间都由社会资本承担，因为社会资本能够管理和承受因此导致的任何价格变化。然而，社会资本是否具备管理因法律变更风险导致的在建设期间建设费用支出增加的能力，取决于建设期的长度和法律制度的可预见性。工期太长和/或不够稳定的法律制度可能会导致项目无法获得贷款融资进而可能需要采取其他的风险分配方式。

新兴市场和发达市场的区别

根据这种更加成熟的风险分配方式，社会资本将承担所有企业应当承担的一般商业风险。一般认为，此等风险分配方式对缔约政府部门是更有利的，但可能不会在所有国家都能获得融资，因此需要基于个案进行评估。

即使在采用该方式的市场，也有可能因为PPP项目的特质和适用的法律与监管规定的实施程度导致风险分配无法完全实现。

3.2.3.4 方法（d）：所有风险由社会资本承担——这种做法非常少见，并且只有在非常成熟且法律稳定的市场中才可能实现。在此类市场中，社会资本在法律上可以通过收取费用或征收用户付费（即"使用者付费"模式，见《具体项目中的PPP合同》G节和第1.2.2.6节）的方式将增加的成本转移给第三方用户，并且不会对用户需求造成不利影响。即使如此，受法律变更影响的某些事件还是需要在PPP合同的其他地方（比如国有化等需区别对待行为和其他重大政府负面行为）予以约定。

若PPP项目允许社会资本将法律变更的费用转移给最终用户，则缔约政府部门给予社会资本的保护应当有更多限制。

3.2.4 救济和补偿

违约救济——在下列情形下，社会资本不应当被认定为违约：（a）由于受到不由其承担的法律变更风险的影响，导致其无法履行义务或延迟履行义务，和（b）为了符合变更后的法律而被要求改变PPP项目范围（在这种情况下，PPP合同应该包括一个实施此种变更的机制，例如通过缔约政府部门要求的变更）。① 参见第3.3节草案范本3第（1）、（2）及（3）条。

成本补偿——PPP合同需要规定如何实施社会资本有权获得的补偿。这将取决于支付模式，可能包括：

（a）提高缔约政府部门根据可用性付费模式支付的金额；
（b）允许增加由终端使用者支付的费用或用户付费价格；
（c）减少社会资本任何应付费用（如适用）；
（d）缔约政府部门向社会资本一次性支付补偿；或
（e）延长PPP合同期限。

履行期限的延长——若在施工阶段发生法律变更，且在一定程度上工期延误系由法律变更所致，则社会资本通常有权依据合同约定延长关键工期（比如预先确定的运营开始日等）。

上述内容的背景信息，参见第1.2.2节不可抗力、第3.3节草案范本3第（3）条和第3.3节草案范本3A第（3）条。如上所述，法律变更救济和补偿也可在单独的补偿事件条款下予以解决（具有其单独的适用条件）。

减轻损失——应该要求社会资本减轻因法律变更导致的任何成本增加或延迟。参见第3.3节草案范本3第（2）条和第（3）条。

大陆法系和英美法系的差异

在大陆法系下的国家，PPP合同的履行会导致违反法律，且不可能通过缔约政府部门的变更进行修正，这种情形是特定的合同终止事件。

---

① 在某些国家，由于所涉及的服务类型，社会资本可能会受到一般法律规定的"公共服务义务"的要求，这些法律要求服务的连续性（例如在法国）。在适用的情况下，缔约方在起草/谈判救济条款时应牢记这一点。

这种情况在具有成熟法律体系的英美法系下的国家并不常见，因为社会资本及其贷款方认为，法律变更导致此等严重后果而无法追究政府的责任是极不可能的。

如果必须终止条款，与缔约政府部门违约和重大政府负面行为中类似的推论同样适用，也会导致相同的补偿方式。参见第3.3节草案范本3第（5）条、第3.4节草案范本3A第（5）条、第4章解约金和第4.7节草案范本4（附表）第（1）条。

3.3　草案范本3

选项1：对所有法律变更影响的保护。

所需定义

"适用的法律"	意指任何［由主管当局制定与颁布的法令、决议、法律、法规、法案、决定、条例、规则、指令（具有一定法律效力）、命令、协议、准则、规章制度或具有管辖权的主管当局针对相关问题对上述文件作出的任何解释，上述各项适用于PPP项目所在国家］；［适用于相关国家的草案及其修订、变更或重新颁布均不得超出法律变更的内涵］
"法律变更"	是指在［约定日期］后的任何以下事件： （a）颁布新的适用的法律； （b）废除，修改或重新制定现行法律；和/或 （c）对任何适用的法律的解释或适用的变更， 上述各项： （i）对（一）缔约方履行PPP合同规定的义务或（二）"基本情形股权内部收益率"产生不利影响；和 （ii）未在［法定的立法公布平台］，或未在约定日期［以法律草案的形式予以发布］［如适用可视为"为公众所知晓"］。
"项目成本变化预估"	是指预计建设成本、运营成本以及融资成本的增加或减少，扣除建设成本、运营成本和融资成本的总预估减少值后所得金额。

该日期将是提交投标文件前的一段时间，但通常不晚于投标日期。参见第3.2.2.3节中的讨论。定义和（i）~（iii）项和（b）款要符合适用的法律中的定义，以避免争议和周而复始，同时也需要反映相关国家的立法过程。

法律变更的发生

（1）若法律变更发生或即将发生，则任何一方可以在自知悉（或应当知悉）法律变更之日起［三十（30）个］工作日内通知对方，对其可能的影响发表意见，详细说明其意见：

> 对此项情况流程的变体将在另一个条款下处理。

（a）任何对PPP合同条款的必要变更，包括任何必要的缔约政府部门的变更；

（b）是否需要免于履行某些义务；

（c）是否应该顺延PPP合同项下的任何截止日期；

（d）任何因相关法律变更直接导致的预估收入变化（增加或者减少）；

（e）任何直接由法律变更导致的PPP项目预估成本变化（增加或者减少）；或

（f）由于法律变更所产生或取消的任何资本支出。

（2）在任何情况下，自收到受影响的一方当事人发出的通知后［三十（30）个］工作日内，缔约政府部门与社会资本应当尽快就上述第（1）款所涉事项进行讨论并达成一致，采取以下措施缓解法律变更造成的影响：

（a）提供证据证明，社会资本已通过合理努力［包括（在切实可行的情况下）使用竞争性报价］，使分包商最小化地增加成本以及最大化地减少支出；

（b）展示如何通过经济的方式对即将产生的或者可减少的资本支出进行测算，包括说明该等支出在何时产生或应当在何时产生，以及在上述支出产生时或应当产生时，社会资本已对可预见的法律变更进行了考量；

（c）提供证据证明法律变更如何影响了与PPP项目类似业务的收费；以及

（d）证明基于法律变更而减少的任何支出已被纳入了考量范围，且根据社会资本的意见计入了上述第（1）条第（e）项或第（1）条第（f）项约定的数额，但若合同各方未能就法律变更的影响达成一致，应当根据［填写引用的争议解决条款］的约定进行处理。

法律变更的后果

（3）若缔约方遵循上述第（1）和（2）条规定的程序，则：

（a）受影响的一方应被免除履行PPP合同规定的义务，到由于法律变更而导致合同履行受到阻碍或延误的程度；

（b）若法律变更发生在服务开始日期之前，则基于对法律变更影响的考量，原定运营开始日应当相应顺延；以及

（c）缔约方应商定补偿的数额和支付方式，以表明在对项目成本预估变化值进行调整时，已对法律变更所导致的实际增加或减少的成本予以了考虑，［要求补偿的一方不能根据本条款获得与法律变更相关的补偿，除非其能证明在［填写相关的时间段，比如日历年］期间发生的所有法律变更造成的损失总额超过了［填写金额］。

> 如果合同中未包括关于确定重大程度的阈值，则删除此条款。

（4）若在上述第（1）条所述期限内没有发出通知和提供相关信息，则由于信息延迟，受影响的缔约方将无权根据PPP合同获得任何补偿或被免除义务。

法律变更所导致的合同终止

（5）若法律变更：

（a）导致社会资本在［填写约定"原定服务开始日"的条款］后［·］个月内无法达到［填写约定"服务开始日"的条款］；或

（b）导致合同一方连续［·］天无法履行其在本PPP合同项下的重大义务；或

（c）导致PPP合同的履行被认定为非法，且其非法性无法通过变更缔约政府部门予以补救。

则合同任何一方都可自行决定提前发出书面终止通知终止本PPP合同，该通知将于收到之后的［（按日历）三十（30）］日生效。如果在［（按日历）三十（30）］日到期时，法律变更仍然持续，则应当根据［填写约定的终止条款］条款终止PPP合同，且社会资本应当有权依据［填写法律变更终止的补偿条款］获得补偿。

3.4 草案范本 3A

选项2：对区别性法律变更、特定的法律变更以及要求增加运营期资本支出的法律变更的保护。

所需定义（也请参见第3.3节草案范本3中的定义）

"资本支出"	意指根据［填写国家］各时期通用的会计准则而被认定为资本支出的任何支出项目。
"区别性法律变更"	指法律变更的条款明确［影响］［适用于］： （a）PPP项目，而非类似项目；和/或 （b）社会资本［或其分包商］而非他人；和/或 （c）参与PPP项目的合同各方，而非他人。
"一般性法律变更"	指区别性法律变更或特定法律变更之外的法律变更。
"可认定的法律变更"	（a）区别性法律变更； （b）特定法律变更；或 （c）在［填写运营期间术语］期间生效，且涉及PPP项目的额外资本支出的一般性法律变更。
"特定法律变更"	任何特指如下事项的法律变更：（i）提供［与PPP合同项下提供的服务相同或类似的服务——定义］和/或（ii）持有主要业务为提供［与PPP合同项下提供的服务相同或类似的服务——定义］的公司的股份。

可认定的法律变更

（1）若可认定的法律变更已经发生或即将发生，则合同任何一方应当自知道（或者应当知道）可认定的法律变更之日起［三十（30）个工作］日内通知另一方，说明法律变更可能产生的影响，并对以下事项发表详细意见：

（a）任何对社会资本义务的必要变更；

（b）是否需要对本PPP合同的条款进行任何修改以处理可认定的法律变更，包括任何必要的缔约政府

> 对此项情况流程的变体将在另一个条款下处理。

部门变更;

（c）是否需要免除履行义务，包括社会资本遵守合同期限的义务，和/或在可认定的法律变更实施期间满足合同履行要求的义务等;

（d）任何由相关可认定的法律变更直接导致的收入变化（增加或者减少）;

（e）任何因相关可认定的法律变更直接导致的PPP项目预估成本变化（增加或者减少）;或

（f）因PPP合同运营期发生的可认定的法律变更所需要的任何资本支出或不再需要的资本支出。

（2）在任何情况下，自收到受影响的一方当事人发出的通知后［三十（30）个工作］日内，缔约政府部门与社会资本应当尽快就上述第（1）款所涉事项进行讨论并达成一致，采取以下相关措施缓解可认定的法律变更造成的影响:

（a）提供证据证明，社会资本已通过合理努力（包括（在切实可行的情况下）使用有竞争性报价），使分包商最小化地增加成本以及最大化地减少支出;

（b）表明社会资本已经考虑了法律变更的前提下，如何以有效的方式计算产生或者避免任何资本支出，包括说明该等支出在何时产生或应该产生;

（c）提供证据证明可认定的法律变更如何影响了与PPP项目类似业务的收费;和

（d）证明基于法律变更而减少的任何支出已被纳入了考量范围，且根据社会资本的意见计入了上述第（1）条第（e）项或第（1）条第（f）项约定的数额，但若合同各方未能就可认定的法律变更的影响达成一致，应当根据［填写引用的争议解决条款］的约定进行处理。

可认定的法律变更的后果

（3）若缔约方遵循上述第（1）和（2）条规定的程序，则:

（a）在合同履行过程中，由于可认定的法律变更而导致合同履行受到阻碍或延误的，受影响的一方（如社会资本）有权根据其受到影响的程度要求免于履行PPP合同项下的义务;

（b）如果可认定的法律变更发生于服务开始日之前，则基于对法律变更

影响的考量，原定服务开始日应当相应顺延；和

（c）合同各方应该就补偿金额与支付方式达成一致，以表明在对项目成本预估变化值进行调整时，已对可认定的法律变更所导致的实际成本增加或减少予以了考虑，［要求补偿的一方不能根据本条款获得与可认定的法律变更相关的补偿，除非其能证明在［填写相关的时间段，比如日历年］期间发生的所有可认定的法律变更造成的损失总额超过了［填写金额］］。

> 如果合同中未包括关于确定重大程度的阈值，则删除此条款。

（4）如果未能在上述第（1）条指定的时间内发出通知并提供相关信息，则由于信息延迟，受影响的一方无权获得任何补偿，也无权要求免除其在PPP合同项下的义务。

因可认定的法律变更所导致的合同终止

（5）若可认定的法律变更：

（a）导致社会资本在［填写约定"原定服务开始日"的条款］后［·］个月内无法达到［约定"服务开始日"的条款］；或

（b）导致合同一方连续［·］天无法履行其在本PPP合同项下的重大义务；

（c）导致PPP合同的履行被认定为非法，且其非法性无法通过变更缔约政府部门予以排除。

则合同任何一方都可自行决定提前发出书面终止通知终止本PPP合同，该通知将于收到之后的［（按日历）三十（30）］日生效。如果在［（按日历）三十（30）］日到期时，可认定的法律变更仍然持续，则应当根据［填写约定的终止条款］条款终止PPP合同，且社会资本应当有权依据［填写法律变更终止的补偿条款］获得补偿。

4 解约金

4.1 关键问题

4.1.1 解约金的概念

在商业合同中，如果由于特定原因的补偿没有得到具体解决，在合同终止时，当事人可以通过约定的纠纷解决方案确定损失金额。这种情况可能会引发诉讼。一般来说，无过错方会成为寻求损失赔偿的一方。然而，即使是违约方也有权根据一般法获得补偿，以公平反映当事人在合同下付出的任何工作或服务的价值。在某些合同中，可能需要合同当事人事先就特定情形下合同终止所应付的赔偿金额达成一致，而不是依赖法律解决。

4.1.2 PPP合同中设置解约金条款的目的

市场惯例表明，贷款方在没有合理保证其提供的贷款能够获得偿还的情况下，不会向PPP项目提供贷款。贷款方在执行其详细的尽调时，希望确保其贷款在PPP合同的任何提前终止的情况下都能得到保护，无论是否存在违约，并且不想依靠冗长和不确定的法律程序来确定补偿金额。同样，股权投资人也希望在并非出于自身或项目公司的原因而发生合同终止的情况下其股权投资能受到明确的保护。

虽然法律程序最终可能裁定终止赔偿由缔约政府部门支付，但合同条款的确定性的程度才是贷款方同意向PPP项目提供资金的关键。因此，解约金是PPP合同中有关风险分配的一个关键因素，对于达成一个可融资的PPP项目至关重要。这对英美法系和大陆法系国家成熟的或尚不稳定的PPP市场都适用，尽管具体的条款因PPP项目情况而有所不同。[①]

提前终止的原因和后续赔偿支付可能比较复杂。这些条款被写入PPP合同可以给合同双方就终止机制和影响带来确定性。这也能使贷款方可以基于

[①] 参见全球基础设施中心发布的《政府和社会资本合作合同风险分配（2016版）》。例如，风险矩阵4：重轨（ROT）和风险矩阵5：港口（DBFO）中的提前终止（包括赔偿条目）。参见附录部分：其他PPP相关资源。

较低的偿还风险提供利息更低的贷款，而这反过来又会在社会资本为PPP合同提出的竞标价格中得到体现。

新兴市场和发达市场的区别

贷款方在分析其贷款能否获得偿还时会对缔约政府部门的支付能力进行评估（即缔约政府部门支付解约金的能力）。如果缔约政府部门信用度不高或不稳定，则社会资本及其贷款方可能会寻求额外的信贷支持。例如，在不稳定的政体或新兴市场中，或缔约政府不属于中央政府的情况下，上述情况很可能发生。此时可通过多边或出口信贷机构或中央政府获得支持。

4.1.3 提前终止事件的类型

针对不同的PPP合同，可导致提前终止的事件也会不同，所以提前终止事件应根据相关PPP项目的具体风险和义务进行考虑。

大陆法系和英美法系的差异

合同各方应确保其理解法律对PPP合同下某些终止情形的影响。例如，在一些国家（更典型的是大陆法系国家），缔约政府部门有权为了便利或出于公共利益的理由终止PPP合同，即使合同中没有明确规定相关权利。同样地，社会资本可以行使其在一般法上的权利，在缔约政府部门违约的情况下终止合同，尽管合同中没有明确赋予的权利（如在大陆法系中法国[①]的一些PPP项目，又如英美法系澳大利亚所常见的）。

可能会产生解约金的提前终止事件包括：

(a) **社会资本违约导致终止**——在社会资本不履行其实质性义务的情况下，由缔约政府部门提出终止；

(b) **自愿终止**——由缔约政府部门出于便利或公共政策原因（也称为公共政策终止）自行决定终止合同；

(c) **缔约政府部门违约导致终止**——由于缔约政府部门未履行其重要合同义务（主要是指在可用性付费模式下的支付义务），由社会资本提出终止

合同；和

(d) 持续的不可抗力、重大负面政府行为或法律变更——在合同当事人未能就继续履行PPP合同达成一致时，任何一方都可提出终止合同。参见第1章不可抗力、第2章重大负面政府行为和第3章法律变更。

4.2 缔约政府部门的重点考虑因素

4.2.1 确定性

简单和客观的计算方法将为所有合同当事人带来更大的确定性，使产生纠纷的风险最小化，并使社会资本的价格尽可能少地受到风险溢价带来的损失。需获得补偿的股权和债务要素必须得到各方明确的定义和理解，包括任何融资损失费用（例如，涉及利率对冲安排的情况下）、任何提前赎回费用（例如，涉及固定利率贷款[①]或债券的情况下）以及任何违约利益。如上所述，在PPP合同中明确规定解约金条款不一定会导致缔约政府部门承担比一般法律中所规定的更大的责任，但在PPP合同中明确规定违约金条款带来的确定性是提高项目融资可行性的关键。

4.2.2 理解相关协议

如果通过参考贷款方的融资协议（包括任何对冲安排）、股权协议（例如劣后级贷款协议）或项目相关协议来定义解约金条款，则缔约政府部门及其顾问必须审查和批准相关协议。缔约政府部门还应要求获得与此类协议变更相关的批准权利，这些变更可能影响其责任承担（或PPP合同必须明确规定，在涉及缔约政府部门的责任时，任何未经批准的不利变更都不会被考虑在内）。

---

① 过去5年间，在成熟的PPP市场，比如荷兰，机构和非机构贷款方提供固定利率贷款的做法已经日渐普遍。

4.2.3 抵扣

社会资本可以在其特定银行账户中存有备用现金（例如，其活期存款账户、债务偿还准备金账户、维护支出准备金账户或可以从中提取债券收益的担保账户）。缔约政府部门应考虑如何处理这些现金余额，以及考虑是否应该用这些现金余额来抵扣其中任何一方在提出赔偿时收到的现金。缔约政府部门还需考虑如何处理保险理赔金（参见第1.2.1.4节），以及社会资本在提前结束对冲安排时可能收到的任何净收益，以及在项目相关协议中对方当事人享有或负有的未清偿债权和债务。参见第4.7节草案范本4附表"未偿付优先债"的定义。

4.2.4 谈判框架

必须指出，在实践中，提前终止条款为合同当事人（和贷款方）提供了一个协商机制，让合同当事人（和贷款方）在存在提前终止风险的情况下能讨论如何继续履行PPP合同。一般来说，合同各方为了各自利益都希望寻求继续推进PPP项目的途径而避免提前终止。从缔约政府部门的角度来看，尽管缔约政府部门需要确保公共资金的使用安全，但它也有义务提供公共服务。通过各方协商找到一个符合各方利益的使PPP合同得以继续的方式，是实现这一点的最佳途径，也能避免因提前终止导致产生解约金的情况。

4.2.5 提前终止产生的其他后果

除解约金本身外，缔约政府部门还希望确保PPP合同中有足够的条款规定如何解决合同提前终止带来的其他后果，例如社会资本转让PPP项目资产、移交安排以及为继续经营或建设PPP项目所需要的信息。[①]

[①] 本指南不讨论这些方面。更多信息请见《澳大利亚PPP指南》和《英国PF2指南》。

4.2.6 解约金的计算原则

在PPP合同提前终止后，向社会资本支付的解约金金额将取决于PPP合同提前终止的理由，因此，缔约政府部门必须理解各种提前终止情况下解约金的计算依据。第4.7节草案范本4是基于第4.3~4.6节中规定的原则。

4.3 缔约政府部门违约、重大负面政府行为、法律变更或自愿终止产生的赔偿

4.3.1 市场惯例

如果PPP合同因缔约政府部门违约、重大负面政府行为、法律变更或自愿终止而导致提前终止，则市场惯例是，社会资本应从缔约政府部门获得相当于该PPP合同完全履行的全额赔偿（以使得社会资本保持未受提前终止影响的状态）。这反映的原则是，此类提前终止事件被视为缔约政府部门的风险和责任。同时也反映出社会资本在此类情形下可以根据一般法起诉要求赔偿。

在这类情况下，社会资本将得到与其投入项目融资（股权和债权）的所有资金相同数额的偿还，并得到其预期的股权收益（年限应由双方应协商，但通常限于PPP合同的剩余期限）。为了维持与PPP合同没有提前终止的情况下相同的利益，社会资本还会希望赔偿费用中包括因特定的融资协议和项目相关协议提前终止而导致的应付款项，以及提前终止导致的裁员费用。如果PPP项目通过债券市场或固定利率贷款融资，债券持有人或相关固定利率贷款方可以获得提前赎回费用，以赔偿他们因投资被提前偿还带来的损失。参见第9.4.2节债券融资。

如第2节，重大负面政府行为所述，缔约政府部门可以就不在其控制范围内的重大负面政府行为事件进行协商，少量减少因提前终止而产生的赔偿金额（但赔偿金额应至少包括未偿还债务和股权出资金额）。

大陆法系和英美法系的差异

缔约政府部门不得通过接受尚未支付预期合同价款的资产而获得"不当得利"。部分国家（通常在大陆法系法域）规定了不当得利的基本原则，缔约政府部门应确保其了解这一原则将如何影响PPP合同中任何提前终止条款的拟定。

4.3.2 赔偿方式

缔约政府部门需考虑以下两种"全额"赔偿方式。

(a) **账面价值赔偿**：该赔偿方式是基于社会资本在建设PPP项目中投入的投资成本，并加上第三方成本。尽管该方法相对清晰简单，但并没有被广泛使用，因为它不能保证公平地对社会资本进行赔偿，所以一般不推荐使用。该赔偿方式存在赔偿过少（可能为贷款方带来融资可行性问题）或赔偿过度（可能为社会资本带来激励不当的问题）的风险。如果会计准则在PPP合同存续期间内发生变动，也可能会出现问题。应该注意的是，PPP项目资产的账面价值不太可能体现资产的实际状况。[①]

(b) **基于融资的赔偿**：该赔偿方式是基于PPP项目的融资（例如优先债（无论是以银行融资还是债券融资的形式）、劣后级债务和股权），并加上第三方成本。这种方式在PPP市场上更加常见，本指南推荐这一方法。更多详情参见第4.3.3节和第4.7节草案范本4附表条款（1）。

4.3.3 基于融资的赔偿

如第4.3.2节所述，这种类型的解约金由优先债（参见第4.3.3.1节）、股权（参见第4.3.3.2节）和第三方成本（参见第4.3.3.3节）的赔偿组成。下文对上述三个部分进行了更详细的说明。

4.3.3.1 针对未偿还优先债方面的赔偿——这部分款项通常包括：

（i）优先级融资文件（无论是银行融资还是债券融资）（可参考原始基本情形中的预测金额）中未偿还的本金；以及

[①] 这一方式未在第4.7节草案范本4中提及。

（ⅱ）利息、罚款和各类费用（以及债券或固定利率贷款的提前赎回费用）；以及

（ⅲ）适用的对冲协议或浮动利率贷款产生的损失成本。

需扣除的款项，如：

（a）贷记到社会资本银行账户的款项（以保证贷款方的利益）；

（b）由于提前终止对冲协议而收到的净额，在某些情况下是提前偿还固定利率贷款所得的利益；加

（c）在解约金支付日起之前收到的或应当收到的保险理赔金；加

（d）贷款方在解约金支付日期前收回的其他款项。

参见第4.7节草案范本4附表第（1）（a）条及相关定义。

4.3.3.3.2 股权方面的赔偿——缔约政府部门在股权赔偿方面应考虑三种备选方案。三种方式均可能导致不同的结果，因此缔约政府部门应遵循第4.2节中所述的关键考虑因素及PPP项目的情况。参见第4.7节草案范本4附表第（1）（d）条。

（a）**原始基本情形法（方案1（a））**：按照这种方式，应支付的赔偿金额通过参考原始基本情形确定。缔约政府部门支付的金额为原始基本情形的总额减去PPP合同提前终止日期之前已经支付给股权投资人的所有金额的总和，原始基本情形总额可以确保股权投资人能够获得原始基本情形股权内部收益率的回报。

该方法关键好处在于容易实施、更为确定，且与其他方法相比不易引起纠纷。

然而，本方法的重大缺点在于，即它假设社会资本已按照原始基础方案计划执行合同——并未考虑PPP合同下社会资本的实际执行状况。从缔约政府部门角度看，若社会资本的执行情况比原始基本情形预期更差，则会导致社会资本获得过度赔偿，并且可能导致社会资本更有动机去提前终止PPP项目。相反，若社会资本的执行状况优于原始基本情形的预期，则其获得的补偿可能会过低，从而可能会刺激或导致对缔约政府部门的政治压力的出现，而促使缔约政府部门提早终止PPP合同。参见第4.7节草案范本4附表第（1）（d）条备选方案1（a）。

（b）**市场价值法（方案1（b））**：按照本方法，应支付的赔偿金额可以通过评估第三方投资者愿意为以下二者支付的价格而确定，即（i）社会资本

的股份；（ii）根据某些特定假定情况（包括项目提前终止的情况并未发生），劣后级贷款下产生的应收款项。

与原始基本情形法（方案1（a））相比，本方法充分考虑了PPP合同下社会资本的实际执行状况，就此而言更为公平。

然而，本方法在实践中过于复杂，可能产生对双方均不利的结果——缔约政府部门可能会支付高于根据原始基本情形法所预期的赔偿，而社会资本的股权投资人可能会感到在无法控制的情况下，其利益不能得到充分保护。可能难以确定市场价值（尤其在不存在相应市场的情况下），从而可能引发纠纷。参见第4.7节草案范本4附表第（1）（d）条备选方案1（b）。

（c）调整后的原始基础方案法（方案1（c））：按照本方法，应支付的赔偿金额通过参照股权投资人根据原始基本情形预期收到的分配额所确定，但仅从合同终止日期起算。应支付的赔偿金额则为终止日期之后根据原始基本情形预测的分配总额，并按照股权内部收益率进行折现。

本方法考虑了社会资本直至PPP合同约定终止日期之前的执行情况。由于不需要市场估价机制，它的确定性更强，并且更容易实施。

然而，本方法没有考虑在终止日期之后的时段可能的实际执行情况，所以（如原始基本情形法（方案1（a））所强调的），缔约政府部门对这一时段的补偿可能会过高或过低。这将产生极大的影响，项目可能会提早终止。参见第4.7节草案范本4附表第（1）（d）条备选方案1（c）。

4.3.3.3 第三方费用方面的赔偿——由于提前终止PPP合同，社会资本可能会面临其他费用等，包括裁员成本、根据相关项目相关协议条款向分包商应支付的其他费用。一般原则是，提前终止合同对社会资本及其分包商无利也无弊。虽然按市场惯例，上述费用应纳入这类终止的赔偿费用，但赔偿范围可能因国家而异。缔约政府部门应当牢记以下要点：

- **审查项目相关协议**——与融资协议同理，签署PPP合同前，缔约政府部门及其顾问应审查项目相关协议，评估任何可能引起第三方费用赔偿的提前终止条款。特别地，对于持有社会资本股份的分包商，缔约政府部门应确保在与他们签署的合同中没有过高的解约金。
- **确定并限定赔偿**——尽可能细化对PPP合同中第三方费用的赔偿范围。由于第三方费用可能会随着时间的推移而发生重大变化，因此缔约政府部门可能希望设法限定其赔偿责任，通常情况下是通过明确相关条目，而不是通过确定金额上限来实现。缔约政府部门还应要求社会资本采取适当措施防止损失扩大。项目相关协议中应当体现赔偿上限和减轻损失的义务。

- **赔偿利润损失**——缔约政府部门还需要处理一大重要商业问题，即对分包商未来利润损失的赔偿程度。这可以通过限制年限来实现。
- **裁员成本**——需要认真考虑社会资本和/或其分包商的裁员支出进行赔偿。这类赔偿可能取决于适用的法律及其重新安排受影响工作人员的能力。参见第4.7节草案范本4附表条款（1）（b）和（c）。

4.4 社会资本违约导致合同提前终止产生的赔偿

4.4.1 市场惯例

在缔约政府部门以社会资本违约为由提前终止合同的情况下，市场惯例是PPP合同中应明确规定缔约政府部门一方应提供一定数额的补偿。虽然这在表面上似乎与提前终止合同的原因相背，但实际上却有充分的正当理由：

（a）若无明确规定的赔偿数额，缔约政府部门可因社会资本违约从而通过不当得利的方式（例如，在不支付的情况下获取已建资产）获利，从理论上说，缔约政府部门会因此倾向于提前终止PPP合同。这可能导致社会资本提起法律诉讼，最终可能带来缔约政府部门承担补偿以及诉讼费用的结果。

（b）若无明确规定的赔偿数额，社会资本可能需在竞标中增加风险溢价进行定价。因此，即使也许不会发生因这些因素导致合同提前终止的情况，缔约政府部门依然会在PPP合同正常进行的情形下支付更高的费用。

（c）市场惯例表明，贷款方通常不愿意在合同对此类赔偿（例如，PPP项目不可融资）未明确规定的前提下为特殊目的公司建立和运营的PPP项目融资。虽然有观点认为，无赔偿规定的风险会鼓励贷款方介入并援助陷入困境的PPP项目（例如，英国的早期PPP合同中已有此类合同约定方式的先例），但是出于上述原因，市场一般已逐渐避免使用该方式。

（d）社会资本通常仍会失去股权投资机会及其回报，而该投资回报正是社会资本最初参与PPP项目的主要动力。参见第4.7节草案范本4附录第（2）条。

缔约政府部门将需要权衡产生解约金的可能性与获取私人融资的益处之间的关系。此时缔约政府部门应考虑下列相关因素：

（ⅰ）缔约政府部门对发出合同提前终止通知有控制权，该合同会产生解约金——这也是一个对其有利的因素，可以召集合同各方就潜在的提前终止情景进行谈判；和

（ⅱ）即便在签订PPP合同之前，缔约政府部门也有能力减少社会资本违约的风险，即采用严谨和公正的采购流程并全面评估所有投标要素来筛选出合适的社会资本。

4.4.2 赔偿方式

虽然市场惯例是缔约政府部门在社会资本违约导致合同提前终止的情况下支付赔偿金，但缔约政府部门仍需要选择一种不会支付过多赔偿的方式，因为过多的赔偿会不当地激励社会资本的履约行为（同时避免贷款方不对PPP项目尽职尽责或不积极行使其监督和介入PPP项目的权利）；同样也会引发是否物有所值的担忧。备选方案概况如下：

（a）**以债务为导向的赔偿**：按照这种方式，社会资本（或实际中是贷款方）获得的补偿是按照银行或债券的优先融资文件计算的应付金额（即根据第4.3.3.1节的公式计算出的金额）。PPP合同必须明确待补偿的债务要素，以及对贷款方可适用的扣除金额（例如对冲平仓安排所获收益、保险收益和可能包含抵押担保账户中债券收益的银行账户金额）。

新兴市场和发达市场的区别

以债务为基础的赔偿方式是新兴市场最常见的做法，法国"政府付费"的PPP项目以及德国的一些PPP项目也采用这一方式。

作为社会资本违约提前终止合同导致赔偿的主要或唯一受益人，贷款方倾向于寻求尽可能高的贷款回收率和最简单或最客观的解决方案。因此，以债务为导向的赔偿方式可能更能满足贷款方的要求。至于赔偿金额能否反映PPP项目的价值，答案并不明确，缔约政府部门在评判项目是否物有所值的分析中需要考虑这一点。

以债务为导向的补偿有其主要缺陷，即贷款方缺乏积极性来确保项目顺利进行或项目困难时出手援助。为应对这一风险并确保贷款方积极履行职责和行使监督、介入项目的权利，除相关的扣除金额外，赔偿金额通常占未偿还债务总额的一定百分比（而非全额），通常称该情况为"剃头（haircut）"，或"估值折扣"。但应当指出，贷款方并非在任何情况下都会承担估值折扣的风险，而是取决于诸多因素（例如，PPP项目所在的具体国家和行业）。估值折扣（如果存在的话）的确切百分比则应按具体项目计算。此外，若PPP项目为债券融资，则要考虑是否应当包括提前赎回费用。参见第4.7节草案范本4附表条款（2）。

若相关融资文件有要求，则可以采取替代（或补充）方案，即用未偿还的优先债减去未到位的股权投资——这样，贷款方就会设法向社会资本或股权投资者追回该金额。

(b) **基于市价的赔偿**：若PPP市场流动性充足并且对PPP合同的重新投标有合理预期，那么最公正的方式就是参照PPP合同的市值计算应付社会资本赔偿金额，该市值由招标程序确定。这在理论上确保了缔约政府部门对社会资本的支付金额不会超过PPP合同的剩余价值。因此这一计算方法既保护了缔约政府部门的利益，又确保缔约政府部门不会从社会资本的违约中不公平地受益。

若PPP市场流动性不强或缔约政府部门因某些原因不选择市价法，则应根据第三方独立评估机构按照重新招标计算的估计价值来确定赔偿金额。这一方式虽然看似容易实施，但需进行多轮谈判才能确定相关参数，而且可能无法反映PPP合同的真实市场价值。该方法多见于拥有成熟PPP市场的国家（例如比利时、澳大利亚[①]、荷兰以及南非）。

---

① 参见《澳大利亚PPP指南》（社会性基础设施部分）。

新兴市场和发达市场的区别

基于市价的赔偿可能更适合波动较小的发达PPP市场，其中可能存在对相关行业感兴趣的购买者。在某些国家或对于涉及某些资产的PPP项目，贷款方由于担心市价被低估或者补偿不足，可能不愿依赖以市场为基础的估值方法。在PPP项目的先例和PPP市场都十分有限的新兴市场中，情况尤其如此。《南非PPP指南》承认了这一点，并规定在市价法不能得出一定比例的未偿还债务的情况下，招标方应额外付款。

缔约政府部门应考虑基于市场价值的赔偿是否对各个项目都可行。[①]

(c) 基于账面价值的赔偿：该方法在欧洲某些国家较常见，但本《指南》不推荐根据账面价值计算赔偿金额的方式，因为此方法得出的结果可能无法准确反映真实的负债金额。[②] 参见第4.3.2节2(a)的讨论。

4.5 不可抗力导致合同提前终止产生的赔偿

如第1章不可抗力所述，各方都有权以持续的不可抗力为由提前终止PPP合同，计算赔偿时应遵循不可抗力为共同风险这一原则。在该条件下，分担风险的方式为：缔约政府部门应承担少于全额的赔偿并有权接管有关资产，而社会资本则失去其项目股权投资回报（比如利润要素，也是最初社会资本决定投标并参与PPP项目的关键），甚至可能失去其已投入的部分股本。这很可能激励双方在合同提前终止之前就找到解决持续不可抗力的方案。

根据具体情况进行调整，原则是缔约政府部门向社会资本支付的金额应包括：

(i) 未偿还的优先债（根据第4.3.3.1节中的公式，但可能不包括任何债

[①] 第4.7节草案范本4中未介绍此方法。更多详细信息，请参见《南非PPP指南》、《澳大利亚PPP指南》（社会性基础设施部分）和《英国PF2指南》。

[②] 在某些情况下，也可以考虑采用"混合"方法，例如终止赔偿额等于评估的市值和未偿还的优先债务两者中的数额较小者。美国部分州政府采取了这种做法。

券的提前赎回费用）；加

（ii）投入的股本（需考虑任何已支付的股权派息）而非利润损失（在某些情况下，例如在澳大利亚，估值折扣也可用于进一步反映共同风险原则）；加

（iii）裁员支出和分包商违约成本（根据第4.3.3.3节规定的原则）。

对于因不可保险性造成的提前终止，通常都可以采用类似的方法。参见第4.7节草案范本4附表第（3）条。缔约政府部门也可就具体情况下不予赔偿或减少赔偿进行谈判。参见第1.2.4节不可抗力。

虽然贷款方所受的影响似乎更小，但这又回到了融资可行性的问题以及贷款方如何使资金投入利益最大化。在已选择PPP的采购方式的情况下，缔约政府部门需权衡因不可抗力导致合同提前终止的风险（再次说明密切关注不可抗力的定义十分重要）和以合理的价格获取私人融资的好处之间的关系。

4.6 解约金支付方式和时间

缔约政府部门也需要考虑合同提前终止的解约金的支付方式。一般来说，市场惯例通常是在PPP合同中规定一次性付款，但这需要考虑若干因素，包括提前终止的理由：[①]

- **支付能力**——缔约政府部门需要评估其是否有能力一次性支付这笔大额支出，尤其是在考虑到这样一笔大额支出可能并未被纳入预算或能够得到财政部门的支持。延时付款可能更加可取。
- **社会资本／贷款方视角**——社会资本及其贷款方可能更倾向一次性付款，在缔约政府部门违约导致合同提前终止情况中尤为突出，因为最可能的违约原因就是缔约政府部门未能履行支付义务。社会资本及其贷款方通常希望尽快避免受到PPP项目提前终止和缔约政府部门信用风险的冲击。在任何情况下，缔约政府部门都应尝试通过谈判争取合理的宽限期，以便筹集必要的资金。

---

① 第4.7节草案范本4中不包含这些要素。

在社会资本违约终止的情况下，贷款方可能再一次拒绝延时支付（贷款方可能是唯一收取补偿金的一方）。尤其是如果延时收取解约金会导致额外违约成本的情况下（对非银行出资人也会造成这一问题），贷款方也可能拒绝同意支付期限超过贷款或债券的剩余期限。

- **利息**——延时支付会使缔约政府部门产生利息费用时间段通常是从确认付款之日到缔约政府部门最终支付之日。如果缔约政府部门确实选择这种方法，则需要考虑适当的利率。
- **资产转移**——在赔偿金全额支付之前，贷款方可能不愿意放弃PPP项目中的担保利益。这可能导致相关资产难以转回给缔约政府部门。在某些情况下，缔约政府部门可以在合同提前终止时通过谈判达成过渡解决办法，例如制定一项安排，给予缔约政府部门在终止日期至补偿全部支付之日期间PPP项目资产的使用权，只要缔约政府部门遵守有关此类赔偿的付款条件即可。在签署合同时一般不会采用这一方式，某些问题的处理也尚待明确（例如缔约政府部门使用资产时对造成的损害的应付责任）。
- **抵销权**——缔约政府部门应尽力就抵销权进行谈判，争取从社会资本在PPP项目的欠款中抵销其应支付的任何赔偿（除非在相关公式中已经计入）。然而，贷款方一般不愿向缔约政府部门提供任何抵销权，特别是在赔偿金是以债务为基础的情况下。

4.7　草案范本4

与计算合同提前终止解约金有关的条款一般在PPP合同的附录中列出。

附录［填写数字］——解约金

所需的定义

"债券"	指发行人在［融资交割］时发行的期限为［•］的［•］债券,本金总额为［•］。
"分配"	意指: 社会资本(直接或间接)向股东支付的股息分配; 社会资本所持有的股本(或任何类别的股本)分红、支付或分配的任何股息、费用或其他分配款项(以现金或实物形式); 社会资本的任何股本,包括与任何并购或收购有关的赎回、回购、抵销、撤回或清偿。
"初始股权"	指在终止日期,股东分配的初始股权投资加上缔约政府部门核准的任何其他股权投资,减去［社会资本］在终止日期向股东支付的股息。
"发行人"	指［填写公司名称、注册号码和注册国家］。［假设发行人是不同于社会资本的公共部门］。
"IRR"	指内部收益率。
"损失"	指所有损害、损失、负债、成本、支出(包括法务和其他专业费用和支出),以及法律或合同规定的或其他方式产生的内部费用或由于需求产生的费用。
"提前赎回费用"	意指: (a)关于根据［•］条规定提前终止PPP合同(因缔约政府部门违约而提前终止)［法律变更］［重大负面政府行为],依照并根据债券条件第［•］条支付的提前赎回费用; (b)关于根据［•］条提前终止PPP合同(自愿终止),依照并根据债券条件第［•］条作出的调整后支付的提前赎回费用;和 (c)在任何其他情况下提前终止PPP合同,该项费用为零。
"NPV"	指净现值。
"原始基本情形"	指合同双方于［］日约定的融资模式,用于计算［填写"使用者付费"模式中可用性支付的条款/股权内部收益率等]［见附录［］],并且已依照本PPP合同的条款更新。
"未偿还的优先债"	指下列金额之和:［参见第4.4.3节］ (a)在合同终止之日根据任何优先级融资文件对贷款方的欠款总额,以及应当计提但尚未支付的利息,包括因违约产生的利息;加 (b)任何清算费用、预付费用(包括任何提前赎回费用)［由不可抗力或社会资本违约导致的合同提前终止除外],任何终止对冲协议产生的成本或其他提前终止成本,根据优先级融资文件中的预付款项,应由社会资本［或发行人］向贷

> 参见第9.4.2节关于新兴市场的论述。

续表

"未偿还的优先债"	款方支付，但如果提前终止利率套期保值协议，由于PPP合同的终止，有待社会资本［发行人］和贷款方减少所有此类费用［除非根据相关优先级融资文件的条款，事先确定了此类费用的金额或公式］。 减去（不重复计算）： （i）在合同终止之日，由社会资本［和/或发行人］持有的任何银行账户内所有贷款方余额； （ii）由于根据优先级融资文件或PPP合同提前终止而需提前偿还的款项，即贷款方应向社会资本支付的所有款项（包括净对冲终止支付金额）；以及 （iii）贷款方在终止日期当天或之后收到的或应由收款人收到的所有其他款项，以及在终止日期之前，缔约政府部门由于执行其可能拥有的任何其他权利而应当向社会资本支付的赔偿金。（这可能主要包括抵押或转让给贷款方的保险赔偿金。）
"优先级融资文件"	指贷款方和社会资本之间为PPP项目融资而制定的融资文件，包括［填写相关［贷款协议］［债券融资文件，包括债券信托契据、认购协议（债券的条款和条件）以及担保文件］的特定条款］。
"分包商违约成本"	指社会资本由于PPP合同终止导致的已经产生的或即将合理产生的损失价值，但仅限于： （a）损失的产生与PPP项目以及与提供服务或完成工程有关，包括： （i）这类损失没有产生时，任何已订购的物料或货物，或者已经签订且不可撤销的分包合同； （ii）预期将来提供服务或完成工程产生的支出； （iii）迁移费，包括与PPP项目有关的设备搬迁费用；和 （iv）裁员补偿。 （b）造成的损失安排和/或在正常业务过程中以合理的商业条款订立的协议，但不包括在终止日期超过［一（1）年］之后的期间计算的利润损失］。 （c）社会资本及相关分包商各自做出合理努力减轻损失。
"劣后级融资文件"	指股东向社会资本提供劣后级债务的任何协议。［参见第4.2.2节］
"终止日期"	指PPP合同根据［填写相关条款编号］条款终止的日期。

缔约政府部门违约、重大负面政府行为、法律变更或自愿终止导致的赔偿

（1）若PPP合同的终止是由于（i）根据第［填写数字］条的规定缔约政府部门违约，（ii）根据第［填写数字］条的重大负面政府行为，（iii）根据第［填写数字］条的法律变更或（iv）根据第［填写数字］

（如果没有在PPP合同中约定，则删除（iii）和（iv）项。）

条的自愿终止，缔约政府部门应向社会资本支付与以下金额总和相当的款项：

（a）未偿还的优先债；加

（b）由于PPP合同提前终止直接导致的社会资本已经支付或将要合理承担的裁员费；加

（c）任何分包商违约成本；加

（d）[根据对股权方的应付款项所需的估值方法，从下列方案（1）(a)、(1)(b)或(1)(c)中进行选择。]

- **备选方案1（a）**：在终止日期当天或之前，根据劣后级融资文件，连同其他任何已付的分配、利息和偿还的本金一同支付的金额即为补偿金额，并考虑到支付这笔款项的实际时间，社会资本根据劣后级融资文件认购的股本以及预付的款项将产生真正内部收益率，其值与基本情形股权内部收益率相等。
- **备选方案1（b）**：假设不存在缔约政府部门违约的情况、不发生重大负面政府行为，也无法律变更的情况发生，销售工作基于持续经营的前提，股本转让无任何限制，基于公开市场原则，补偿金额为社会资本根据劣后级融资文件的股本以及应收账款的总额。
- **备选方案1（c）**：基于原始基本情形，补偿金额应为终止日期前根据劣后级融资文件的预计分配、应付利息、应还本金的净现值，其中每笔款项都以基本情形股权内部收益率折现，自其在原始基本情形中显示应当支付的日期开始，至终止日期结束。

社会资本违约导致合同提前终止产生的赔偿

（2）若缔约政府部门以社会资本违约为由，依照第[ ]条提前终止PPP合同，缔约政府部门应向社会资本支付数额为未偿还优先债[ ]%的赔偿金。

不可抗力导致合同提前终止产生的补偿

（3）若依照第[ ]条，以不可抗力为由提前终止本PPP合同，缔约政府部门应向社会资本支付数额为以下金额之和的款项：

（a）未偿还的优先债（如有）；加

（b）终止日期前，劣后级融资文件中的初始股权以及任何未清偿的本金［减去已经支付的股息或劣后级债务利息］；加

（c）由于终止PPP合同直接引发或可能引发的社会资本裁员费；加

（d）任何分包商的违约费用。

5 再融资

5.1 关键问题

5.1.1 再融资的概念

再融资意味着改变或替换已产生债务的现有条款。借款方可以出于多种原因、通过多种方式为现有债务再融资。

5.1.2 PPP合同中包含再融资条款的目的

在PPP合同生效前，考虑当时的市场条件、项目的风险特性（risk profile）和适用国家的状况，贷款方、股权投资方和社会资本之间应就融资条款达成一致。PPP项目的融资成本将直接传导到PPP合同下向缔约政府部门提供的报价或向用户收取的费用。鉴于PPP合同具有期限长的特点，随着时间的推移，市场条件会发生变化，风险特性（risk profile）也会随着项目本身的进展而改变，因此社会资本会希望据此改变其融资条款或替换融资方案。在某些国家，在项目开始时就获得长期融资有些不切实际，因此在初始融资阶段结束之后，社会资本的再融资就成为一种必然。

再融资可降低社会资本的债务成本，增加收入，进而提高股权回报——这些结果通常称为"再融资收益"。PPP市场越来越认识到，考虑到改善融资条款不是完全由社会资本负责的，由社会资本独享全部的再融资收益并不公平。这点从缔约政府部门的角度来说尤其重要，因为其对PPP项目的付费使用的是公共资金。融资条款的任何变化还可能影响PPP合同中基于融资条款的其他条款，例如缔约政府部门可能需要支付解约金等。

若PPP合同中没有具体条款，则缔约政府部门将难以甚至无法分享社会资本所获得的再融资收益，并且有关其他合同条款（例如解约金）的情况也可能会含混不清。然而，并非所有通过再融资获得的收益都应当共享，再融资条款中通常也会明确规定例外的情况。

5.1.3 再融资的情形

社会资本为PPP项目寻求再融资的可能情形如下，不同的情形需要根据PPP合同采取不同的处理方法。

援救性再融资——在不利的情况下，再融资可以挽救PPP项目免于违约。社会资本可能处于需要增加和/或重新安排其偿债义务的困境中。一般来说，采取这种再融资形式符合缔约政府部门和社会资本的利益，因为PPP合同中的债务偿还条款由此能够继续生效，违约导致提前终止的后果也得以避免。缔约政府部门希望确保融资条款的任何变更都不会对其合同地位造成不利影响，但也不应期望能够立即由此获得财务收益。

微长期再融资——在不可能获得长期融资（或不可取）的市场中，社会资本可以代之以所谓的"微长期"（mini perm）融资。这种贷款的期限较短（如5年或7年），因此项目公司及其股东本就有动力去进行再融资。因为贷款方条款可能会规定如果在相关到期之日前没有获得再融资（并且贷款方还可能要求在到期前的几年内逐步增加回收成本（例如25%、50%或75%）），或（在"硬性的"微长期再融资的情形下①）发生违约事件，则贷款方将回收所有可用现金（在满足还贷储备金的资金要求之后）。例如，澳大利亚的市场标准是提供5年至7年的贷款融资，并假定在整个PPP项目间每5年进行再融资。基于这种融资的性质，考虑到在PPP合同之初就需规划替换融资的方案，双方会就再融资进行协商以达成符合双方利益、双方能一致接受的条款。在这种情形下，再融资也不太可能以追求巨大的额外财务收益为目的或真的能够带来巨大的额外财务收益。

债券融资的过桥贷款——通常计划在建设或开发阶段完成之后用债券融资替代初始的银行贷款，这种银行贷款融资称为"债券融资的过桥贷款"。一般来说，过桥贷款本身即包含对再融资提供动力，例如通过逐步提高借款利率并缩短贷款期限。参见第9章债券融资。

实现价值再融资——在其他情况下（第5章的重点内容），市场条件的变化和PPP项目的进展可能带来积极的影响，社会资本可能寻求更有利的融资

---

① "硬性的"微长期再融资的结构不被荷兰的缔约政府部门所接受。因为这种结构相当于"有效地"引入了再融资风险。

条款，从而为股东谋求更高的股权收益。这些条款的实现可能出于如下原因，如：

- 市场的流动性增强，负债成本下降（例如在金融危机之后或有新的贷款方想要进入PPP市场）；
- 由于在项目建设期间可能发生重大风险，一旦运营资产建成且PPP项目成功投入运营，风险将会降低，相应的无法履行贷款偿还义务的风险也会降低；
- 宏观市场条件有所改善（例如，相关国家可能已经具备成功的PPP项目经验和/或监管和政治体系更加稳定）；和
- 对于"使用者付费"的PPP项目（参见《具体项目中的PPP合同》G节），需求可能高于预期，因此收益更高，从而提高杠杆率的机会更大。

正确起草PPP合同且缔约政府部门也主动希望确保文件的任何变更不会对其合同地位造成不利影响，是实现价值再融资的重要前提。在这样的前提下，实现价值再融资才更有可能为缔约政府部门带来财务收益。[①]

5.2 缔约政府部门的重点考虑因素

根据不同的融资结构，再融资条款可能十分复杂，且不同PPP项目的再融资条款也各有不同。一些PPP合同会包含详细的条款（特别是在发达市场中）；而另一些PPP合同的规定则可能较简短，旨在聚集双方共同讨论再融资的方案。无论何种情况，都需铭记以下要点。

5.2.1 定义"再融资"

确定囊括所有潜在类型的再融资的定义非常困难，缔约政府部门的目标

---

① 还可加入一条规定，赋予缔约政府部门有权在其认为具备更好的融资条款时要求社会资本寻求潜在的再融资（参见《澳大利亚PPP指南》）。

应该是通过妥善定义"再融资"将社会资本借助复杂结构规避相关条款的可能性降到最低。建议通过参考优先级融资文件，借助总括性条款，建立尽可能全面的定义。参见第5.3节草案范本5"所需定义"中"再融资"的定义。

社会资本有时要求定义"免除再融资"的概念，以厘清一些不应受再融资条款约束的交易。缔约政府部门应再一次根据各个案例的具体情况仔细考虑在此定义中应包含的内容。例如，在微长期融资（mini-perm）和债券融资的过桥贷款中，缔约政府部门应该认识到再融资实际上是必然的，因此在签订PPP合同时应预见到这一情况。

5.2.2 再融资收益

缔约政府部门需考虑的问题是定义再融资收益的标准是什么以及是否所有再融资收益都应被分享。与定义"再融资"一样，在拟定收益的计算和分配条款时也需仔细考虑，尽量降低社会资本绕过这些规定的能力。如今，特别是在发达的PPP市场中，越来越多的社会资本将未来再融资的收益纳入其投标时的原始基本情形，从而在竞标时为缔约政府部门提供更具竞争力的价格。在这种情况下，社会资本会认为缔约政府部门已经从潜在的再融资收益中获益过，因此在再融资实际发生时，应无权获得任何进一步的收益。虽然这一论点有一定道理，但原始基本情形中所设定的再融资的基本面都应提前明确商定，以限制产生纠纷的风险。参见第5.3节草案范本5"所需定义"中"再融资收益"的定义。

类似地，在援救性再融资或微长期再融资中，产生的总体收益可能不会比原始基本情形的股权内部收益率更高。

无论实际情况如何，一般认为比较公平的做法是缔约政府部门只应分享超出原始基本情形的收益。从援救性再融资的角度看，该观点的原理是，在对其不利的情况下，贷款方不太可能同意向缔约政府部门提供任何再融资贷款。然而，这种看似公平的做法并不总是合理的，因为缔约政府部门会考虑到原始基本情形的内部收益率可能已被人为地提升了（例如招标过程中竞争过弱）。

新兴市场和发达市场的区别

在新兴市场，特别对于"使用者付费"的PPP项目（参见《具体项目中的PPP合同》G节）来说，如果再融资收益是对潜在投标方的主要激励因素，则缔约政府部门谈判争取再融资收益分享的空间则相对有限。例如目前在菲律宾这一情况非常明显，其PPP合同中通常不包括再融资条款。

5.2.3 同意权

缔约政府部门的同意权十分重要，因为这是其与社会资本谈判的前提。如上所述，如果在原始基本情形中已纳入或考虑了具体的再融资的可能情况，那么社会资本就有理由不征求缔约政府部门的同意或者收到比一般再融资更少的限制。[1]但缔约政府部门的同意权应当合理行使。缔约政府部门应该牢记，产生收益的再融资很有可能为其带来财务收益，即便是援救性的再融资也能够挽救PPP项目。然而，缔约政府部门只有在确定再融资不会对PPP项目产生负面影响，也不会为自身债务造成弊大于利的影响时方可表示同意。这将包括评估第4章解约金所述的其应承担的解约金是否有所增加。参见第5.3节草案范本5第（3）条。

5.2.4 计算再融资收益

为了计算再融资收益并有效行使其权利，缔约政府部门需要充分了解现有和拟定的融资结构和文件，寻求专业的法律和财务建议（以匹配社会资本方可能获取的类似建议），从而确保缔约政府部门在分析再融资方案的影响时不会处于劣势。缔约政府部门在考虑再融资方案时所产生的外部费用应由社会资本承担，并且如果实施再融资，则应在共享收益前从再融资总收益中扣除这部分费用。参见第5.3节草案范本5第（7）条。

---

[1] 美国某些市场中，当社会资本能够提供充分的证据证明其总负债不低于PPP合同的公允市场价值的一定比例时，不会使社会资本的未偿还债务增加到一定比例的援救性融资可以在没有缔约政府部门的同意下获得许可。

5.2.5 分享再融资收益

缔约政府部门应考虑怎样的分享机制才是合适的。可以选择平分，也可根据收益的金额和/或其产生的方式分阶段分配。《澳大利亚PPP指南》的基本前提是五五平分（《南非PPP指南》也是一样），但也要认识到，更详细的安排和给予缔约政府部门更大的比例也可能是恰当的。[①] 参见第5.3节草案范本第(4)条。

5.2.6 支付方式

缔约政府部门通常有权选择其应得的再融资收益份额应如何支付，这取决于融资性质和当时的商议结果。可选方式包括缔约政府部门：（a）一次性收取与社会资本在再融资时获得的金额相当的收益；（b）一次性或分期收取相关付费，或收取预期付费（在"使用者付费"的模式下）；（c）通过减少可用性支付（在"政府付费"的模式下）或（d）通过结合上述方式。参见第5.3节草案范本5第(6)条。

5.3 草案范本5

基于早期的PPP市场（如英国）的经验，分享再融资收益的原则已经有所发展。更详细的方式介绍请参阅《英国PF2指南》和《澳大利亚PPP指南》。草案范本5大体上是基于上述文件的定义。

[①] 《英国PF2指南》区分了通过在优先级融资文件中减少借款利率获得的收益（缔约政府部门的预期为收益的90%）和其他收益（缔约政府部门根据收益额的大小分阶段获得50%~70%的收益）。50%~70%的分阶段收益分配比例也成为荷兰的惯例。

需要的定义

"基本情形股权内部收益率"	指原始基本情形中设定的内部收益率。
"分配"	指任何以现金或实物形式的： （a）根据股权资本分配的股息或其他分配； （b）减资、股份赎回或购买或其他对股权资本的重组或变更； （c）任何劣后级融资文件的付款；以及 （d）收到的任何付款、合同安排、资产转让和其他基于合理的商业条款而未在正常业务范围内获得的收益。
"股权内部收益率"	指在整个PPP合同期间，考虑已完成的分配和预计的分配后，预期向股东及股东的附属公司分配的综合内部回报率。
"免除再融资"	（a）原始基本情形中充分考虑的任何再融资； （b）税务或会计规定的变更； （c）行使与日常行政和监督事项有关的权利、弃权、同意权和类似行为，并且涉及： （i）违反声明和保证或承诺； （ii）根据优先级融资文件条款的规定，资金在项目账户之间流动； （iii）延迟或不提供信息、同意或许可证； （iv）批准与融资模式相关的技术和经济假设的修订； （v）社会资本未能获得优先级融资文件中要求的法定机构的同意；或 （vi）贷款方的投票表决，以及贷款方之间根据优先级融资文件规定的批准级别作出的表决安排； （d）股东出售社会资本的股份； （e）[关于债券的任何普通市场交易。]
"融资模式"	指[由社会资本在其竞标时提供的或双方在签署PPP合同前约定的]且可随时修订的融资模式。
"净现值"	指截止到预估再融资的日期前，每份相关预期分配的折现总值，在各种方案下的折现均采用基本情形股权内部收益率。
"再融资前股权内部收益率"	指在任何再融资之前计算的股权内部收益率，但不考虑此类再融资的影响，并使用最新的融资模式（包括PPP项目的业绩）。
"合格再融资"	指任何能够带来大于零的再融资收益的且不属于免除再融资情形的再融资。

> 社会资本可能想拓展这项的定义以明晰对某些文件的变更或其他类型的情形下这一项是否仍从再融资中免除（比如在微长期融资的情形下）。这样的定义拓展应该视具体项目的情况而定，并反映该PPP项目的特殊情况。

续表

"再融资"	指： （a）任何优先级融资文件的修改、变更、更新、补充或更换； （b）根据优先级融资文件进行的弃权或同意，或行使类似的权利； （c）设立或给予优先级融资文件中的任何形式的利益或利息，或社会资本通过担保或其他方式，在任何合同、收入或资产中创造或给予权利或利息；以及 （d）已由任意一方作出的其他具有类似于上述（a）至（c）项效力的或能够限制社会资本执行上述（a）至（c）项能力的安排。
"再融资收益"	指（A-B）-C得出的正数金额，其中： A＝在再融资之前预计的在再融资后PPP合同的剩余期限内，分配给每个股东或附属公司的净现值（考虑再融资的影响并使用最新的融资模式（包括PPP项目过去的实际业绩）以保证再融资前的即时性）； B＝在再融资之前预计的在再融资后PPP合同的剩余期限内，分配给每个股东或附属公司的净现值（但不考虑再融资的影响，并使用最新的融资模式（包括PPP项目过去的实际业绩）以保证再融资前的即时性）； C＝为将再融资前股权内部收益率提高到基本情形股权内部收益率所需的任何调整。
"劣后级融资文件"	指社会资本的股东向社会资本提供劣后级债务的任何协议。

> 如果有不同意的理由，可删除C项，参见第5.2.2节。

再融资

（1）社会资本应及时向缔约政府部门提供任何与拟进行的再融资相关的全部细节，包括对融资模式的拟变更、所依据的假设条件、拟议的合同文件和缔约政府部门可以合理要求的有关该再融资的其他信息。

> 缔约政府部门应将批准这些协议作为这些协议以及这项定义下的后续的修正案以及额外的文件在PPP合同中生效的条件。

（2）缔约政府部门应在任何时候都有权审计与再融资相关的已使用（或拟使用）的融资模式，该权利不受限制。

（3）社会资本应事先就合格再融资获得缔约政府部门的书面同意。

（4）缔约政府部门有权获得合格再融资中任何再融资收益的［百分之五十（50%）］。［按照商定的分享机制调整。］

（5）［在任何再融资或拟定的再融资（包括再融资收益和缔约政府部门

在合格再融资的再融资收益中所占份额的计算）中，双方应秉持诚实信用原则行事］。

> 大多数大陆法系的国家的PPP合同中不会要求这一项，因为合同中暗含了诚实信用原则。

（6）缔约政府部门有权选择从合格再融资中获得其再融资收益份额的方式，包括：

（a）一次性付款，其金额不得超过在再融资之日或之日左右的相关分配，并须于相关分配日期后一日立即支付；或

（b）［在PPP合同的剩余期限内，增加社会资本应向缔约政府部门支付的费用/或者在PPP合同的剩余期限内，减少缔约政府部门对社会资本的可用性费用；或

> 起草时应根据付费结构进行调整。参见第5.2.6节。

（c）［二者结合］。

（7）社会资本应代表缔约政府部门支付缔约政府部门为再融资或拟定再融资以及计算再融资收益所聘用的外部顾问的所有合理费用［草案也应反映，如果再融资收益计算公式中没有包含成本的话，则计算再融资应分享的金额之前，应从再融资收益中扣除成本］。

6 贷款方介入权

6.1 关键问题

6.1.1 介入的概念

在合同中，"介入"是指非合同当事人的第三方依据合同的规定代替违约方行使权利和履行义务的能力。介入权通常有时效限制，其目的是给予介入方一个机会来纠正合同当事人的违约行为和避免合同被终止。

6.1.2 PPP合同中包含贷款方介入权的目的

大多数PPP项目融资是基于有限追索权的融资（参见《具体项目中的PPP合同》C节），贷款方对PPP合同项下产生的预期现金流进行分析，据此向社会资本提供贷款。

由于PPP合同通常是获取收入以偿还贷款的唯一来源（或在"使用者付费"模式下是收入的基础），所以贷款方最关心的问题是缔约政府部门是否会因社会资本违约而终止合同。若合同在建设期结束、服务期开始前终止，则贷款方尤其会担心这个问题。因为即便缔约政府部门支付解约金，该金额也未必能抵偿全部债务金额。因此贷款方有足够动力促使PPP合同重新走入正轨，以便债务能按计划得到全额清偿。

针对PPP合同因社会资本违约而终止的情况，贷款方寻求自我保护的方法之一是通过谈判争取介入权。虽然介入权几乎没有在任何国家的法庭上得到过关于其有效性及可强制执行性的认可，但介入权的存在给予贷款方对项目融资可行性的信心，并提供了一个框架，让各方在此框架内、在遵循强制性规定（例如涉及接管、破产、公共采购等的法规）的条件下，共同协商出现违约或合同终止情况时的解决方案。介入权通常被写入贷款方和缔约政府部门之间的协议（通常称为"直接协议"，或在某些国家被称为"同意协议"）中。直接协议规定贷款方有权在合同可能终止时收到警告，并通过采取措施、纠正问题来防止这种情况发生。从缔约政府部门的角度来看，缔约政府部门与贷款方在完成基础设施建设和确保服务的充分供应方面的利益是一致的。直接协议使得贷款方能够在缔约政府部门终止合同并处理相关后果之前，直接介入以挽救PPP合同。

在PPP的背景下，直接协议的执行范围不仅可以在PPP合同中，也可以在其他的项目相关协议中。后一种情况下，贷款方和缔约政府部门可分别与社会资本的项目相关协议相对人（即主要分包商）签订直接协议，以确保协议相对人在合同终止前给予贷款方和缔约政府部门类似的机会来根据项目相关协议纠正社会资本的违约行为，也可以确保协议相对人继续履约。[①] 第6章重点探讨贷款方在PPP合同中的介入权。

6.2 缔约政府部门的主要考虑因素

6.2.1 签署直接协议的权限

某些国家的强制性规定（尤其是那些对PPP项目不适用但适用于缔约政府部门的破产程序和/或公共采购条例）会禁止贷款方取得或履行介入权。规定完善的PPP法律通常授权缔约政府部门在签署PPP合同的同时直接签署相应的直接协议。因此，在开始PPP合同采购之前，缔约政府部门应仔细分析和处理这个问题。

6.2.2 直接协议的格式

一些国家制定了标准模板条款（例如荷兰模式、《南非PPP指南》和《英国PF2指南》），缔约政府部门和贷款方必须使用这些条款。直接协议通常与PPP合同在同一日签署。在某些情况下，直接协议也可在日后的融资交割时（如荷兰或美国）签署。在这种情况下，直接协议事实上在PPP合同签署时已经敲定，且有关协议格式将作为PPP合同的附件。贷款方通常要求把执

---

① 根据权利行使的优先级，贷款机构根据其直接协议与分包商的权利通常优先于缔约政府部门根据其直接协议与同一分包商的权利。

行直接协议作为提取优先级融资文件项下贷款的先决条件。从缔约政府部门的角度来看，最理想的选择是在投标阶段（在各投标公司仍处于竞争压力下时）事先就直接协议格式协商一致，这样一来便无须在PPP合同授标后引入介入权或对其进行重新谈判。

6.2.3　直接协议的范围

缔约政府部门应认识到，贷款方可以利用直接协议改变、阐释或增加介入权之外的条款。尽管可能在有限的情况下增加其他条款可能有所帮助，但缔约政府部门应当注意，除非达成了特定的一致意见，否则不得破坏PPP合同中商定的风险转移的安排。

鉴于直接协议的运作可能影响社会资本和缔约政府部门在PPP合同规定下的权利和义务，建议社会资本也应成为直接协议的当事人，认可并同意其条款，也建议直接协议和PPP合同的准据法（governing law）保持一致。

6.2.4　主要问题

介入的时机与持续时间——当缔约政府部门向社会资本递送终止通知时，通常会同意向贷款方递送同样的通知，贷款方从而有一段时间决定是否介入。当贷款方认为根据融资协议已发生违约行为并使债务加速到期时，其可要求行使介入权（在这种情况下，如果要继续PPP合同则必须更换社会资本）。介入期通常应约定为一段合理的时间，以便贷款方尝试纠正问题或找到新的社会资本，当约定的介入期届满，贷款方正式撤出，指定了新的社会资本或由于新的违约事件发生而终止合同时，介入期结束。缔约政府部门及其顾问应确保相关协议下的时间段衔接恰当，以便整个过程能够有效运作。

债务承担——缔约政府部门应考虑要求贷款方为行使介入权应承担多少社会资本已经产生或将要产生的债务。

普遍接受的市场惯例是，贷款方应承担介入时已知的未偿还债务，但关于持续增加的负债则可能有不同的规定。如果要求贷款方必须同意承担未来的负债从而换取介入权时，需要为其提供金额上限，以便其量化风险。这一方法见于某些国家（特别是在英国早期的PPP项目），但是近年来这一类要求越来越少（因为解约金无论如何都包含了对缔约政府部门的欠债，如果PPP合同未被终止，则仍应支付这些债务）。一种做法是缔约政府部门可以通知贷款方后续的债务，如果贷款方选择不承担，那么缔约政府部门接下来可以终止PPP合同（并在解约金中计入债务）。

纠正权——纠正违约行为符合缔约政府部门的利益，但其同时需要确保在介入期内发生新的失误时，其仍享有对合同的终止权，从而保护自身不受纠正失败或新的违约行为的影响。

其他保护措施——缔约政府部门可能想要尝试加入限制贷款方根据融资文件行使某些权利（例如抵销权）的规定，并规定缔约政府部门与贷款方之间的担保执行优先次序（例如在澳大利亚就是如此）。

6.3 主要条款汇总

直接协议通常应包括以下主要条款（或符合相关司法区域法律规定的等效条款）：

- 双方负有分别就以下事件通知对方的共同义务：（a）社会资本在PPP合同下发生使缔约政府部门能够终止PPP合同的违约事件；（b）优先级融资文件中可能影响缔约政府部门的重大事项（例如违约事件或债务加速到期）；
- 暂停期，在此段时间后缔约政府部门承诺通知贷款方其终止PPP合同的意向，并承诺在给定期限内不会终止PPP合同（或终止任何有关协议）；
- 指定贷款方代表"介入"，与社会资本共同承担责任，共同执行PPP合同，并纠正导致缔约政府部门有权终止（并撤出）合同的任何违约行为；
- 同意将PPP合同和相关应收款转让给贷款方，并同意在理赔时转让给保险人和担保人；和
- 贷款方有权将社会资本在PPP合同下的权利和义务转移给贷款方选择的替代社会资本（经缔约政府部门同意和/或符合任何合理的客观标

准），缔约政府部门有义务按实质等同的条款与贷款方就新的社会资本签订新的直接协议。

6.4　草案范本6

如上所述，直接协议的条款通常不出现在PPP合同中（尽管商定格式可作为PPP合同附件提供），因此本指南不提供建议的草案范本。[①]

---

① 有关成熟PPP市场的进一步信息和草案范本的情况，请参见《南非PPP指南》及《英国PF2指南》。

7 保密性与透明度

7.1 关键问题

7.1.1 保密性和透明度的概念

大多数商业合同均有条款规定合同双方须对合同条款以及与合同相关的双方商业敏感信息（如估价和知识产权）进行保密。当合同当事人之一是公共部门时，双方必须在信息保密和必要的透明度、信息披露之间进行权衡。社会资本和公共部门都希望对某些信息保密，但国际法[①]和国内法越来越提倡透明度和信息披露，这也成为政府、非政府组织和国际组织开展活动的关键考虑因素之一。其背后目的可以是多种多样的，包括减少腐败（以及对采购过程中出现的腐败、秘密交易或不公的投诉），消除公众对廉洁情况、服务标准和公共合同成本的疑虑，鼓励竞争、建立信息透明度高的市场等。

7.1.2 PPP合同中包含保密性和透明度条款的目的

PPP项目应优先考虑透明度和信息披露，因为缔约政府部门属于公共部门或公共机构。缔约政府部门[②]会要求PPP合同须有利于保证透明度和信息披露，以最大限度地与公众分享PPP项目、PPP合同和相关文件的信息。此种要求变得越来越普遍，其背后有多种促成因素。PPP领域的主要驱动力是减少腐败、促进社会资本参与基础设施投资、提升公众信心、增强公众意识，实现物有所值。与其他基础设施项目一样，PPP项目也有社会和环境、公共利益和人权方面的考虑因素，这也是为什么要促进透明度和信息披露的原因之一。

然而，鉴于商业敏感信息以及和公共利益相关的限制，PPP合同的透明度和信息披露义务通常会有一些例外，以保护与合同当事人、PPP合同和PPP项目有关的商业信息或其他敏感信息。在大多数情况下，社会资本需要

[①] 获取信息的权利载于《公民权利和政治权利国际公约》第十九条，2011年9月12日人权理事会第CCPR/C/GC/34号文件一般性评论第18~19段对其作出解释。

[②] 见《2016年世界银行PPP披露框架》。见附录：其他PPP相关资源。

被保护的信息最多，因其不希望竞争对手获得这些可能给予他们商业优势的信息。但缔约政府部门也可能希望对某些信息进行保密，例如国防领域的PPP合同。在一些高度敏感的项目中，缔约政府部门可能要求社会资本和其他直接提供服务的当事人及个人签署同意接受国家安全法约束的书面承诺。在某些司法管辖区（例如欧盟），合同当事人还承担数据保护的义务，且有具体条款规定该义务。

新兴市场和发达市场的区别

虽然一个国家PPP市场的成熟度会影响PPP合同的透明度和信息披露，但《2016年世界银行PPP披露框架》（简称《2016年世界银行信息披露框架》）也表明，新兴市场中与PPP信息披露有关的实践可能发展得更快，这可能是得益于新兴市场对建设新基础设施的迫切需求。另外一个影响因素在于PPP合同是否必须满足其他相关机构（如多边机构）的信息披露要求，以便得到这些机构的支持。

7.2 缔约政府部门的重点考虑因素

7.2.1 信息披露义务

出于公共政策原因，许多国家都出台了政策、法律或法规，要求缔约政府部门承担信息披露义务和/或确保公众知悉公共采购的信息。强制性信息披露要求可以被纳入国家信息自由（FOI）法[1]、PPP政策、法律法规[2]、采购法规、公共财政管理（PFM）法规[3]、具体的行业法规以及有关预算透明度

---

[1] 例如，智利《获得公共信息法》（2008），印度卡纳塔克邦《知情权法案》（2005）和新南威尔士《政府信息（公众获悉）法》（2009）等。

[2] 例如肯尼亚的PPP法案（2013）、巴西米纳斯吉拉斯州PPP法（2003）、印度PPP政策草案（2012）、英国PF2法案等。相关详细信息，参见《2016年世界银行信息披露框架》表3：PPP立法和透明度要素。参见附录：其他PPP相关资源。

[3] 参见《2016年世界银行信息披露框架》表3：PPP立法和透明度要素。参见附录：其他PPP相关资源。

的法律。一些国家甚至制定了有关PPP合同透明度和保密性的标准合同条款。①《2016年世界银行信息披露框架》及相关司法和案例研究系列对现有框架、良好实践案例和司法研究做了全面概述。起草透明度、信息披露和保密性条款前，应先分析法律和政策框架。缔约政府部门应决定是否在法定合同义务之上设定更为严格的合同义务。通常须在合同中加入对此类法律法规的具体引述。

如上所述，国际金融机构和多边机构也可支持PPP项目，并以此要求缔约政府部门遵守自己制定的透明度政策。不过，相关政策下需要披露的信息通常不包括商业敏感信息或专有信息。

7.2.2 透明度和信息披露承诺的范围

信息披露和透明度条款通常涉及如何管理与PPP合同和PPP项目有关的所有公告。缔约政府部门要对与PPP项目有关的所有信息如何公开进行管控，且所有媒体公告和通信都需要事先获得批准。参见第7.3节草案范本7第（1）条和第（2）条。

某些国家（例如比利时）不会按照第7.3节草案范本7所述的方式处理公共通信，而是直接将公共信息视为保密信息，并规定社会资本必须在取得缔约政府部门事先同意后方可发布任何新闻稿及其他公告。

在建立了信息披露框架的国家中，在公共领域发布重要项目和合同的信息已成为极佳的做法。因此，缔约政府部门希望PPP合同的条款以及相关信息也能通过这样的方式公开（受限于适用的保密限制），并以其选择的方式公开。这些方式包括在互联网上发布信息。能披露多少PPP项目进展的信息取决于社会资本对PPP合同中的其他报告条款的遵守。这些报告条款要求社会资本向缔约政府部门披露某些信息（如绩效数据）。参见第7.3节草案范本7第（3）~（5）条。

虽然一些缔约政府部门未被法律明确要求公开PPP合同，但在英美法系和大陆法系国家，公众越来越多地借助信息自由法来查阅PPP合同条款。在PPP合同中可就这方面作出具体规定，尽管一些缔约政府部门采用了比第7.3节草案范本7延展性更小的条款。例如，在回应依照信息自由法及其他法定披露义务提出的请求时，采用第7.3节草案范本7第（9）（d）条的除外条款。

---

① 参见《2016年世界银行信息披露框架》表11中提供了简要摘要的示例。参见附录：其他PPP相关资源。

7.2.3　保密承诺的范围

在追求透明度和信息披露的同时，应注意保护社会资本及缔约政府部门对PPP项目的特定信息进行保密的合法权益。

在PPP项目中，保密信息指如若披露便可能损害一方商业利益的信息，包括PPP合同条款或附件中的信息，如机密的交易信息、具有商业敏感性的知识产权、专有技术和个人资料。关键的财务信息，如估价要素、估价方法以及社会资本的融资模式，包括债务和股权融资成本等方面的细节，也被视为保密信息。参见第7.3节草案范本7第（6）条。从缔约政府部门的角度来看，保密信息指的是如若披露便会妨害公共或国家利益的信息，如国防、国家安全和羁押信息。

在PPP项目中，保密信息应是例外，而不应是常态，并且这种例外的保密应引述适用透明度及信息披露政策法律规定的有关保密性的原则以证明其合理性。有关特定信息的关切应在起草条款时具体说明。应说明披露此信息的合理性，并按照PPP合同中保密条款的规定进行披露。某些类别的信息通常被排除在保密承诺范围之外，例如已经为公众知晓的信息或从另一合法渠道获取的信息。如果一缔约方须按照法律、监管或司法程序的要求进行信息披露，那么保密承诺不适用于这种情况。

7.2.4　方法

第7.3节草案范本7以《英国PF2指南》模式为基础，在保护社会资本的商业敏感信息、遵守缔约政府部门法律义务（和政策）和提升透明度方面取得了良好的平衡。《澳大利亚PPP指南》和《南非PPP指南》都采用了类似的方法。

新兴市场和发达市场的区别

虽然本指南采用的范本起草方法来自成熟市场，但它也适用于新兴市场的PPP合同，特别适用于一些希望在PPP合同期间实施透明度措施（或已经这样做的）的国家。国际社会资本也熟悉这些条款。

7.3 草案范本7

公共关系与宣传

（1）未经缔约政府部门事先书面许可，社会资本不得通过其董事、高管、雇员、代理人或分包商与新闻媒体代表、电视台、广播电台或其他传媒就有关PPP合同的事宜进行沟通。

（2）未经缔约政府部门事先书面许可，社会资本不得就任何事项代表缔约政府部门发表意见，也不得在提供给第三方的任何书面材料中使用缔约政府部门的名称。

在公共领域公布PPP合同

（3）双方同意，根据下文第（7）条的规定，本PPP合同的条款［填入任何其他定义为项目相关协议的相关文件］不应被视为保密信息，可以无限制地被披露，且社会资本认可在符合下列条款（7）的情况下，缔约政府部门有权：

（a）在网站上公布本PPP合同［及部分项目相关协议］；和

（b）公布（在互联网上或其他地方）PPP合同［以及项目相关协议和任何相关交易文件］的摘要，内容包括（i）PPP合同的条款和条件［以及项目相关协议和任何相关的交易文件］和（ii）由PPP合同产生或与PPP合同相关的任何文件或信息［以及项目相关协议和任何相关交易文件］，包括PPP合同［以及项目相关协议和任何相关交易文件］的履行情况。

> 关于第(ii)项的有效性，参见第7.2.2节。

（4）双方同意，基本情形股权内部收益率信息不得视为保密信息，社会资本认可缔约政府部门在网站上发布此类信息。

（5）双方同意，已发生的直接或间接所有权变更信息不得视为保密信息。

保密性

（6）就本PPP合同的目的而言，保密信息是指：

（a）如若披露将损害或有可能损害任何人士商业利益的信息（不论如何传达，也不论在任何介质上存储），任何一方的商业秘密、具有商业敏感性的知识产权和专有技术，包括所有个人资料和敏感个人资料；和

（b）附表［引述商业敏感信息附表］第一部分第1列"商业敏感合同条款"及第二部分第1列"商业敏感资料"所列的那部分保密信息，分别在该附表第一及第二部分第2列规定的期限内（"商业敏感信息"）。

（7）在符合下文第（9）条规定的前提下，上文第（3）条规定不适用于附表［引述商业敏感信息附表］规定期限内应予保密的保密信息。

（8）双方应对从另一方所获的有关本PPP合同［以及任何项目相关协议］或PPP项目所有保密信息进行严格保密，并采取一切合理的措施，防止其雇员和代理人对任何人披露任何此类保密信息。

（9）上述第（7）条及第（8）条不适用于以下情况：

（a）任何从事履行PPP合同义务的人为履行合同义务而作出的任何有必要的信息披露。

（b）一方能够证明在没有违反本条款［保密］规定的情况下已经属于或成为公众所知的以及存在于公共领域的任何事项。

（c）根据条款［引述参考的争议解决条款］能够帮助作出决定的任何披露，或和社会资本与其分包商之间的争议有关的任何披露。

（d）根据［引述参考的包含公开披露义务的法律］要求，以及任何其他法定的、法律的（包括具有管辖权的法院的任何命令）或议会要求的披露义务，或根据任何证券交易所、有关政府或监管机构的规则作出的任何披露。

> 应考虑设置一般条款以规定哪些信息是"出于公众利益的要求"而应该被披露的。参见本草案范本的第（9）(j)(ii)条。

（e）所披露的信息在披露方披露前已由接收方合法持有。

（f）将信息提供给以下对象：

（i）双方各自的专业顾问或保险顾问；和/或

（ii）贷款方或贷款方的专业顾问或保险顾问，或如果某一人士已被建议

应当或可以向社会资本提供资金（无论是直接还是间接，无论是通过贷款、参股或其他方式）以使其能够履行在PPP合同项下的义务，或可能希望依照本PPP合同条款取得社会资本的股份，则将信息提供给该等人士或其各自专业顾问，但提供的信息应以帮助其就该项建议作出决定为限；和/或

（iii）作为贷款方、政治风险承保人或担保人参与PPP项目的国际或双边金融机构；

（iv）任何参与对优先债提供评级或评级评估的任何评级机构。

（g）如果缔约政府部门决定对PPP合同重新招标或进行任何市场测试，缔约政府部门可向任何拟议的新社会资本、其顾问或贷款方披露与PPP项目设计、施工、运营及维护有关的信息或为开展尽调工作而合理所需的其他信息。

（h）所需许可的任何登记或记录，及所需财产登记。

（i）缔约政府部门向任何其他有关部门或其各自的顾问，或任何从事向缔约政府部门提供与PPP合同相关或从属服务的人员披露信息。

（j）为以下目的作出的任何披露：

（i）对缔约政府部门或社会资本账目的审查；

（ii）根据［引述适用于公共合同的任何审计义务］，对缔约政府部门使用资源的经济性、效率和有效性进行的任何审查；

（iii）遵守任何一方的保险顾问或保险公司就投保或为保单续期的合理要求；或

（iv）（不影响上文条款（d）项普适性）遵守［引述参考的任何有披露要求的法律（例如环境法）］。

> 很多国家要求对于那些缔约政府部门作为合同一方的交易准备审计报告。如适用的话，这项条款应该也能解决这些审计报告的公开披露问题。参见本草案范本的第（9）（d）条。

（10）当进行根据上述第（9）条允许所披露时，除条款（9）（b）、（d）、（e）、（h）和（j）外，提供信息的一方应确保信息的接收方应遵守PPP合同中与此相同的保密义务。［社会资本应明确通知信息的被披露人根据本条款［保密性］规定的保密限制的条款［保密性］，并促使其遵守本条款［保密性］，犹如是本PPP合同的缔约政府部门，社会资本应对任何此类人士违反本条款［保密性］规定的行为负责。］

（11）社会资本在履行PPP合同义务时，被提供了［最终用户］的相关信息，除用于此类信息被提供的原始目的外，社会资本不得为其他目的披露或利用任何此类信息，除非社会资本事先获得［最终用户］的书面同意，并事

先得到缔约政府部门的书面同意。

（12）社会资本应确保其所有、保管或控制的所有文件或电脑记录，其中包含与[最终用户]有关的信息，包括分包商所有、保管或控制的任何文件，都在到期日或之前交付给缔约政府部门。

（13）本条款[保密性]的规定不影响[引述任何有关官方秘密或国家安全信息的法律]的适用。

附表

商业敏感信息
第一部分——商业敏感的合同条款

第1栏	第2栏
商业敏感合同条款	在以下日期为结束日期的期间

第二部分——商业敏感材料

第1栏	第2栏
商业敏感材料	在下列日期为结束日期的期间

8 准据法与争议解决

8.1 关键问题

8.1.1 概述

第8章探讨PPP合同中准据法、争议解决方面的考虑因素和合同条款的重要性。如下文详细阐释的一样，准据法的选择决定了将适用何种实体法，该实体法被用于确定PPP合同项下缔约方的权利和义务。但是，准据法的选择无法决定解决争议的方式。例如，是通过某个国家的法院还是通过仲裁管辖。争议解决的方式必须在具体明确在PPP合同的争议解决条款中。例如，缔约方可能会选择英国法律作为PPP合同的准据法，选择国际仲裁作为争议解决方式。这意味着在PPP合同之外产生的任何争议将交由仲裁庭适用英国法律解决。

第8章首先解释了准据法和争议解决条款的概念；其次介绍了缔约政府部门应当考虑的一些关键因素，包括合同缔约方如何选择争议解决条款以及条款包含哪些关键问题。对于何时选择仲裁作为争议解决机制，本章节也对其中的重点考虑因素给予了特别指导。最后，在替代争议解决方式及聘请独立专家来解决技术争议方面也提供了一些指导。

8.1.2 准据法条款的概念

所有PPP合同均应有关于选择准据法的明确约定。准据法条款中明确的法律将成为PPP合同大多数问题的法律依据，例如合同解释以及效力。准据法条款的目的是要在缔约方之间（最大程度上）明确其各自权利和义务的性质和范围。如果合同双方未对准据法的选择作出明确约定，则将由法院进行裁定，因而存在不可预测性。

缔约政府部门通常希望选择本国法律作为PPP合同的准据法，但双方应注意影响准据法选择的一些典型因素，包括：

- 非法律偏好，如市场接受程度[①]、熟悉和方便的程度、相对成本。

---

① 可能包括各自选择准据法条款是否会影响贷款机构从多边或双边发展机构（或私人保险公司）获得政治风险保险的能力，这对于依赖此类支持从而维持融资可行性的PPP项目来说至关重要。

- 避免详细研究不熟悉的法律体系的需要。
- 所选法律体系的商业取向、稳定性和可预测性。
- 使合同不受合同对方当事人国家法律变更的影响(例如,当地法律强制要求中止履行外国义务、通过立法降低利率、强制要求用本国货币支付给当地的托管人和/或实施汇率管制)。这往往是投资者选择域外(外国)法律制度最重要的原因之一。某些国家的投资者可能担忧,如果准据法是缔约政府部门的本国法,政府可能会在日后通过对合同产生不利影响的法律。然而,在PPP合同中,这个问题通常可以借助法律变更或重大负面政府行为条款得到解决。参见第3章法律变更和第2章重大负面政府行为。
- 希望准据法与争议解决场所(即听审与合同争议有关的法院)相一致。如果法院被要求适用其不熟悉的外国法律,则可能导致法律上的不可预测性。
- 能够聘用在合同相关领域有专业经验的律师。
- 语言。
- 希望PPP合同和项目的其他协议适用同一法律体系(这有助于合并审理)。
- 当地法律可能禁止或限制政府机构根据域外(外国)法律签署合同。因此可能需要寻求当地的法律意见,以明确缔约政府部门是否考虑这种做法。

起草准据法条款时通常应直截了当。应在PPP合同中明确约定选择何种准据法条款。一般而言,准据法条款应紧邻争议解决条款或作为争议解决条款的一部分(参见下文)。约定的准据法条款应该是一个国家的法律体系,而不是一般原则或概念的集合。应该避免拆分准据法条款和其附加条款,否则会增加合同的复杂性。

目前,很多PPP合同还加入了针对"非合同义务"的准据法选择。"非合同义务"这一术语出现在欧盟法律中,包括诸如过失或先合同虚假陈述等侵权行为。如果缔约政府部门或社会资本提起侵权诉讼,控诉合同相对人通过虚假陈述诱骗自己签署PPP合同,则起诉方应向有关法院说明根据非合同义务的准据法,该纠纷应按照所选择的准据法进行裁判。欧盟成员国法院遵循的欧盟法律(如欧盟法规,罗马Ⅱ)规定,商业合同中的这种规定一般是有效的，但其他司法管辖区的立场可能会有所不同。然而，在过去五年中，加入非合同义务的准据法选择以增加确定性，已成为全球各地国际商业合同的趋势。这种做法基本没有弊端。与PPP合同相关的所有义务都受同一法律管辖，这种做法是有道理的。任何其他做法都会增加不必要的复杂性。因此，非合同义务准据法条款的选择应与合同义务的准据法选择相一致。

第8.3节草案范本8第（1）条包括合同和非合同准据法条款。本指南和第8.3节草案范本8具有普适性，供来自大陆法及英美法国家的当事人使用，无论其所选择的法律属于大陆法系还是英美法系。

8.1.3 争议解决条款的概念

如上所述，准据法条款决定了管辖PPP合同争议的法律体系，但是接下来则需要由争议解决条款决定适用该法律来解决任何该等争议的裁判场所，以及在仲裁情况下据以审理及解决该等争议的程序。

争议解决条款规定了一个事先约定的PPP合同争议解决机制。所有PPP合同均应包括争议解决条款，以便在争议解决的地点及方式方面提供尽可能多的确定性。此类条款旨在确保各方遵守约定的机制，并有助于减少因争论纠纷在何地审理而导致的时间浪费和增加成本的风险。好的争议解决条款也将减少重复诉讼以及不同法院或法庭发布互相矛盾决定的风险。这些条款可被称为"司法管辖条款"、"法庭选择"或"裁判场所选择"条款等。

新兴市场和发达市场的区别

> 如果合同对如何解决争议的问题未约定争议解决条款，那么在处理PPP合同争议的地点方面将有不确定性。双方首选的法院可能不受理双方的争议，因为合同中没有明确规定该法院享有管辖权。争议因此可能由不可靠的法院审理。这在新兴市场及不成熟市场可谓是一种特殊的风险，地方法院可能不太熟悉如何及时解决复杂的商业纠纷。当事人对过程的公正性也可能缺乏信心。

最终裁判的可执行性也将成为股权投资者和贷款方考虑的重要因素（见下文）。鉴于PPP合同下的争议可能对社会资本的融资产生某种形式的影响，且裁判场所的选择可能会影响到有关裁判的可执行性,因此是否设有可行的争议解决条款是社会资本及其股权投资者及贷款方评估PPP项目可行性的关键要素。参见《具体项目中的PPP合同》E节。

与准据法指南一样,下文所载的争议解决条款选择及第8.3节草案范本8也具有普适性,供来自大陆法及英美法国家的当事人使用,无论其所选择的法院或仲裁场所属于大陆法系还是英美法系。

8.2 缔约政府部门的重点考虑因素

第8.2节在第8.2.1节、第8.2.2节简要概述了一切争议解决条款的关键要素,之后说明了当选择争议解决条款时缔约政府部门应考虑的因素,即在法院(是地方法院还是海外国家的法院)诉讼与仲裁之间进行选择的考虑因素。本节还包括一些重要的指导,例如缔约政府部门能否将争议提交特定裁判场所(如出于公共政策原因的考量)等问题。该指导还探讨了PPP合同中典型争议解决条款的一些关键要素,所涉及的要点包括什么情况下投资者可能希望排除当地法院管辖、合同双方何时可选择国际仲裁作为争议解决机制、仲裁条款的具体起草问题、什么情况下当事人可加入替代争议解决机制,如专家审理和调停,以及关于缔约政府部门(和其他主权/半主权机构)放弃可能拥有的豁免权和特权的一些指导。

8.2.1 争议解决条款的关键要素

在PPP合同中,争议解决条款通常包括以下规定:
(1)PPP合同的准据法(如未另设准据法条款)。
(2)尝试通过快捷、友好方式解决争议的义务。
(3)由独立专家解决特定技术争议的规定。
(4)对于所有未正式解决或以专家审理方式解决的所有争议,通过以下其中一种途径进行终局解决:(a)诉诸对争议具有司法管辖权的法院,或(b)国际仲裁。仲裁条款应当规定仲裁地,通常还应参照制度程序规则。还可就仲裁过程规定某些定制的程序规则，以及在争议涉及多份相关联合同及/或多方当事人的情况下规定合并审理条款及仲裁地。

（5）在解决争议期间继续履行PPP合同的义务。

（6）酌情放弃主权和其他豁免权，并同意执行。

（7）费用的承担。

8.2.2 选择适当的争议解决条款和公共政策

8.2.2.1 当地法院——缔约政府部门可偏向于选择其所在地的地方法院作为解决PPP合同纠纷的裁判场所。这一选择的原因有很多，包括熟悉程度、与任何特许协议/PPP立法的相容性，或因为PPP合同受地方法律管辖。向当地法院起诉的成本也可能大大低于向某些"海外"法院起诉或国际仲裁的成本。参见第8.3节草案范本8第（12）条方案1。

8.2.2.2 离岸法庭——然而在某些情况下，社会资本可能不愿意由当地法院审理争议。例如，他们可能担心缔约政府部门所在国家的法院不可靠（或可能变得不可靠），倾向于偏袒当地的当事人/缔约政府部门，工作效率低，在需要迅速解决时容易出现重大拖延等。在这种情况下，社会资本要求在PPP合同中加入域外（即"海外"）司法管辖（或法院选择）条款，并力争选择能够以公平及可预测方式解决复杂国际争议的一个或多个有威望的法院。即使在PPP合同受不同（即当地）法律管辖的情况下，离岸法院也可能是社会资本的首选。某些国家的法院经常审理受不同法律管辖的合同项下产生的商业争议（例如英国法院经常审理外国（非英国）法律项下产生的争议，审理时通过听取该外国法律的专家证据进行，尽管这样做可能增加成本）。参见第8.3节草案范本8第（12）条方案1。

如果社会资本认为某些海外法院透明、高效且审判团队由具备PPP合同争议解决经验的高水平商业律师组成，则海外法院诉讼可能是社会资本首选的争议解决机制。选择海外法院的另一个原因是，可能从该法院获得禁令救济或获得"简易"判决（对争议进行简便、快速审理而无须适用整套庭审程序）。一些法院设有简易程序，但这在仲裁中不常见。

从缔约政府部门的角度来看，离岸法院未必是其首选方案，但在某些情况下，为确保PPP项目具有融资可行性，这一方案作为必要的让步仍值得考虑。参见《具体项目中的PPP合同》E节。

8.2.2.3　仲裁——最常见的情况是，社会资本可能提议将仲裁作为争议解决机制。仲裁是一种合同双方约定的争议解决方式，替代了法院诉讼。概括而言，当事人约定由一名或三名个人仲裁员审理其争议，而不是诉诸法院。参见第8.3节草案范本8第（12）条方案2。

如果希望对争议进行保密，当事人也可以选择仲裁。与法院诉讼不同，仲裁程序通常不公开审理（但并不总是如此，根据管辖权和机构规则而变化）。社会资本若担心有关PPP合同项下争议的任何裁决的可执行性，可寻求加入仲裁条款，而不是法院（诉讼）条款，因为仲裁裁决通常比法院判决具有更广泛的可执行性。然而，仲裁可能较昂贵，有时也与法院诉讼一样耗时。但是，当事人可以在其仲裁条款中列入简易判决或快速仲裁的规定，某些机构规则也包括这方面的规定。当事人需要支付仲裁员所花的时间成本，也可能需要支付机构的管理成本。参见第8.2.3节。

8.2.2.4　裁判场所选择的地方限制——在选择外国法院或选择离岸仲裁作为任何PPP合同中的争议解决机制之前，重要的是确定在所有适用的法律下，缔约政府部门有权同意向外国法院提交争议或服从国际仲裁（与此有关，同样重要的是确认其有权同意接受"外国"法律约束）。例如，根据与特许安排有关的当地法律，缔约政府部门可能被要求将涉及PPP项目的一切争议提交当地法院处理（及/或仅可依照当地法律签署合同）。

当地法律也可能对缔约政府部门是否能够接受海外司法管辖条款或外国仲裁条款（或同意外国法律）设有一般禁止或限制性规定。例如，根据当地法律，主权实体可能需要特别豁免及批准，才能够在合同中约定海外仲裁或选择外国司法管辖条款及/或依照外国法律签署合同。同样重要的是确认在当地法律下，缔约政府部门有权通过合同约定放弃豁免（参见第8.2.6节）。这可能需要特别许可，并办理特定手续。在这方面可能会出现资格和权限问题。

以上是在谈判开始时需要确定的重点。社会资本可能需要参考当地法律意见来解决这些问题。

8.2.2.5　一般考虑因素——鉴于PPP合同的长期性质，建立有利双方长期合作关系的争议解决程序将符合双方利益。PPP合同争议解决条款还应纳入一项规定，即要求当事人有义务在一定期限内尝试首先通过非正式（友好）方式解决争议。各类不同的替代争议解决方案将在下文进一步探讨。请参见第8.2.4节及第8.2.5节。

针对每个项目，应仔细评估仲裁相对于向一个或多个特定法院起诉的好处。相反，如果当事人有意选择海外司法管辖条款，起草该条款通常比起草仲裁条款更直截了当。不管在什么情况下，裁判场所的选择必须明确而不含糊。

8.2.3 选择仲裁的关键步骤

第一步：选择仲裁，并选择既有独立仲裁机构的规则

如果当事人决定选择仲裁作为PPP合同争议解决机制，建议选择机构（常设）仲裁。虽然还有一种临时（特设）仲裁形式，但这种方式不值得推荐，原因如下。

（1）**机构仲裁**。与起草含有定制程序规则的冗长仲裁条款相比，理想的做法是在合同中纳入既有独立仲裁机构的程序规则。出于一致性考虑，PPP合同及相关项目相关协议项下所有争议解决过程应适用同一机构的规则。因此，PPP合同起草将根据所选择的机构规则的不同而存在一定程度的差异。

仲裁机构规则通常包括机构提供的协助，例如在仲裁庭上指定仲裁员（如有需要），在仲裁过程中处理支付仲裁费用的问题，进行相关庭审安排及作出裁决。

商业仲裁中有多家仲裁机构及仲裁规则可供选择。国际商会仲裁规则（ICC Rules）较为常用。[①]其他常见选择包括伦敦国际仲裁院（LCIA）仲裁规则、香港国际仲裁中心仲裁规则或新加坡国际仲裁中心仲裁规则。参见第8.3节草案范本8第（12）条方案2。

此外，《解决国家和他国国民之间投资争端公约》（《ICSID公约》）还有专为外国社会资本与国家（及其政府机构或次级行政区）之间的争议设立的争议解决机制。当社会资本的国家和项目的东道国国家不同，且两国都是ICSID公约的缔约国（目前有153个国家）时，可以使用ICSID仲裁。与纳入的任何其他机构仲裁条款相同，缔约政府部门（东道国、

---

① 为了便于说明，第8.3节草案范本8第（12）条方案2是基于国际商会（ICC）的规则。本草案范本仅供参考，在使用其他机构的规则时需审核/改编。

其代理机构或次级行政区）和社会资本均可在发生PPP合同违约时申请ICSID仲裁。

虽然ICSID仲裁在裁决可执行性方面为当事人提供了某种程度的安慰，但它未必总是PPP合同的选择方案。这是因为《ICSID公约》设有使用ICSID仲裁的基本管辖条件，因此当事人需要在PPP合同中加入后备条款，以便争议不符合这些条件时仍有退路。如此一来可能使争议解决条款的起草工作变得更为复杂。ICSID仲裁也可能比标准商业仲裁更为缓慢。然而，缔约政府部门仍应意识到在这一机制下发生纠纷的可能性。

（2）**特设仲裁**。当事人在PPP合同中规定了仲裁条款，但不指明具体仲裁机构的仲裁规则，又不明确约定由仲裁机构协助管理仲裁程序的，就意味着当事人同意进行特设或临时仲裁。在此情况下，当事人需要列入仲裁程序的详细操作步骤，例如如何选择审理案件的仲裁庭、仲裁庭的权力及裁决的作出等（参见步骤3）。一般不建议采用这种做法，因为当事人可能因为遗漏未就仲裁过程的重要环节达成一致，一旦发生争议就可能导致程序上的僵局。

当事人也可选择一套具体的仲裁规则，其中不一定有对于协助管理案件的仲裁机构的选择。例如，在PPP合同中指明依照联合国国际贸易法委员会的规则（《UNCITRAL规则》）进行仲裁。《UNCITRAL规则》经常用于涉及公共与私人主体的商业争议，也经常被列入国际投资协议（参见附件2）。UNCITRAL仲裁并不由专门的机构管理，但由于它已经包含了处理仲裁过程每个环节的条款，因此在这个意义上可以说是纯粹临时仲裁的中间步骤。诸如常设仲裁法院、伦敦国际仲裁院、国际商会（ICC）、国际投资争端解决中心（ICSID）、美国仲裁协会及斯德哥尔摩商会等很多机构均可在当事人有约定的情况下提供《UNCITRAL规则》仲裁程序的机构支持。建议在PPP合同仲裁条款中明确这一约定，但理论上当事人也可在争议发生后就此进行约定。

新兴市场和发达市场的区别

选定既有的仲裁机构和机构程序规则在许多发展中国家尤其重要，在这些国家如果没有约定可接受的仲裁安排（或法院）救济，PPP项目就可能不具有可融资性。缔约政府部门应咨询专家意见。

第二步：选择仲裁地点①

如果当事人选择仲裁②（而非法院诉讼）作为其争议解决机制，则必须指明仲裁地，这一点绝对至关重要。仲裁地（通常是一个大城市）的重要性在于它决定了仲裁程序被置于哪一特定司法管辖区的法律框架下（而不管仲裁过程中的任何庭审实际在哪里开庭）。参见第8.3节草案范本8第（15）条。

由于以下三大原因，当事人应仔细考虑地点的选择：

（1）仲裁地的国家法院对仲裁享有"监督"权。这一点很重要，因为法院可以通过并行法院审理或发出禁令以保护仲裁标的资产等措施来影响仲裁过程。而且通常也只有仲裁地法院才有权审理撤销仲裁裁决的申请。选择仲裁地时，应选择那些当地法院能为仲裁过程提供支持而又不过度干预仲裁过程的国家。

（2）将仲裁的选择纳入仲裁法律的大多数国家都有强制程序规定（例如上诉权或法院对仲裁员的罢免权），不论当事人的仲裁协议中是否有相反的约定，这些强制程序规定都将适用。因此，应当认真查阅有关法律。

（3）仲裁裁决的效用通常取决于其实际执行的效果。跨国经营的公司通常在许多国家拥有资产。在达成仲裁协议之前，应当核实所选择的仲裁地以及仲裁裁决的拟申请执行地（可能是也可能不是缔约政府部门所在国家）是否是《承认及执行外国仲裁裁决公约》的缔约方。《承认及执行外国仲裁裁决公约》通常被称为《纽约公约》，目前有156个缔约国。《纽约公约》缔约国作出的仲裁裁决可直接在其他所有《纽约公约》缔约国执行，无须进行案情审查，但应注意有少数情形下法院可拒绝执行，因此应就拟申请执行地法院的做法寻求当地的法律意见。

英美法系和大陆法系的差异

大陆法系和英美法系国家的法院往往有不同的争议解决办法。然而，如果选择通过仲裁解决争议，则一般而言，仲裁地是位于大陆法国家还是英美法国家已不重要（同理，当事人是来自大陆法国家还是英美法国家也不重要）。

如上所述，关键的选择因素是该国是否被认为是"仲裁友好"

---

① 选择地点可能是双方在选择平台时的第一步，但需与所选择的机构规则相吻合（参见步骤1）。
② 不适用于去本地化的 ICSID 仲裁。

（国家仲裁法和地方法院支持仲裁程序，不会对仲裁程序施加不必要的干涉）的国家以及是否属于签署《纽约公约》的缔约国。

第三步：确定仲裁庭的组成方式，选择仲裁员的人数、资格和国籍

双方应商定仲裁条款是否应指明仲裁员人数以及仲裁员的任命方式。在此，应注意大部分机构仲裁规则均规定了当事人未能就仲裁员人数及/或仲裁庭组成方法约定一致，或未能按约定数量指定仲裁员时的默认条款。

通常情况下，大额合同的当事人会选择三名仲裁员，即使这样做会增加解决争议的成本，因为双方必须支付三名仲裁员的费用。选择三名仲裁员的原因在于，比起独任制，三人仲裁一般不会作出独断的裁定，因此减少了不可预测性。参见第8.3节草案范本8第(13)条。

一些仲裁条款可能规定了仲裁员应具备的专业知识或其他资格要求，例如要求仲裁员应是特定事务中富有经验的律师。规定所有或大多数仲裁员根据准据法规定具有法律资格会有所裨益。但是，缔约政府部门应避免规定得过于严格，因为这可能会缩小潜在仲裁员的选择范围。

有时候，双方希望规定仲裁员不得与仲裁任何一方当事人的国籍相同。这对PPP合同来说很有现实意义，因为社会资本可能担心缔约政府部门国家的仲裁员无法做到公平公正。某些机构规则包括与仲裁员国籍有关的规定，应对其予以核查。

第四步：合并审理——关联合同/关联当事人

PPP合同一般属于多方当事人之间各种的网状协议群的一部分。例如，社会资本可就基本设施建设与缔约政府部门签订PPP合同，但所有现金流可能受到承购人与社会资本[①]之间单独协议的管理。在此情况下，社会资本可能要求所有相关的项目相关协议均包含类似的争议解决条款，以及关于合并审理的规定，即合同相关的各方同意将争议提交给同一仲裁庭审理并遵守同一规则。为提高效率，建议所有协议都规定类似的争议解决条款，在该条款中事先约定关联争议的合并审理，以及关联仲裁当事人的并案处理。[②]然而，同样的原则并不总是适用于与分包商缔结的许多协议，因为合同项下产生的争议可能仅由社会资本负责，故建议分别处理争议。这将避免缔约政府部门

[①] 其他例子包括政府支持协议和直接协议。
[②] 就此方面，《ICC规则》在任何情况下都提供某些援助：见第7~10款。

陷入昂贵而耗时的外部争议中。另外，协议中可能存在重叠区域，当项目相关协议相对人根据可追溯自PPP合同的规定提出权利请求时，对争议解决过程进行合并审理就是可取的，适宜作出有限并案处理安排。评估是否需要并案条款时，应根据实际情况决定。参见第8.3节草案范本8第（20）条。

一般来说，合并审理不是管辖权条款的关切，法院经常会裁定合并诉讼程序（而且当事人通常可以向相关法院申请离开某个司法管辖区或从一个司法管辖区转移到另一个司法管辖区），或依照当地程序规则或固有管辖权对当事人进行并案处理。

8.2.4　非正式（替代）争议解决——谈判、调解和替代方案

鉴于PPP合同的长期性以及当事人维持长远合作关系的愿望，在争议解决条款中加入非正式（替代）争议解决机制往往有利无害。替代争议解决（ADR）形式多种多样，从高管非正式会议（参见第8.3节草案范本8第（4）条）到调解，从组成高级代表小组到委任外部争议委员会（参见第8.3节草案范本8附件1方案1、方案2及方案3）。下面将详细探讨以上的部分内容。

加入替代争议解决条款可鼓励当事人在较早期阶段通过非正式方式解决争议，避免因任何正式的仲裁程序或法院诉讼而耗费大量时间和成本，以及更重要的是，防止关系恶化。

争议解决条款应规定是否应强制寻求替代争议解决、是否是仲裁开始（或法院诉讼）的先决条件，以及替代争议解决的结果是否具有约束力。如果应强制寻求替代争议解决，当事人也可以约定其有权在替代争议解决开始前或过程中根据需要向仲裁庭或法庭寻求紧急（包括禁令）救济。但是，如果替代争议解决方式未能解决纠纷，各方必须始终确保有一个备用的争议解决条款（无论是仲裁还是诉讼）。

8.2.4.1　调解——建议增加一条要求当事人尝试通过调解来解决争议的规定。调解是一种邀请外部"调解员"参与的争议解决过程，调解员作为中立的协调人，帮助双方当事人努力通过谈判达成和解。在美国、英国和欧洲大陆部分地区、土耳其、中东部分地区以及东南亚部分地区的商业纠纷中，聘请外部调解员的情况越来越多。在法律费用不断攀升之前，调解可以成为一种有效途径，帮助当事人共同制定商业上可接受的解决方案——这在

PPP项目等大型交易中尤其有利。其缺点在于无效的调解可能只会导致争端延迟解决，并会增加成本（如果通过谈判解决争端的可能性很低）。还有人担心调解人是否能做到公正、不泄露调解过程。即使在合同条款未作相关规定的情况下，当事人也可随时约定通过调解解决争议。参见第8.3节草案范本8附件1方案1。

8.2.4.2 争议委员会——争议委员会是更正式的机制，通常是在合同开始时委任一个外部专家小组，凡在合同有效期内发生的争议，均可提交该委员会处理。这一方式在建设施工合同中很常见，通常情况下双方必须为外部专家付费。一个关键的考虑是其决定是否具有终局性和约束力；[1]如果当事人不认可委员会的决定，争议可能必须交由仲裁庭（或法院）重新审理。争议委员会缺乏协调一致的调解方式（或各方当事人的高级代表小组），且关于这一机制的效力和成本仍有争议。如果争议委员会的决定具有约束力，则其与仲裁程序相比差异很小（由于包含仲裁条款，这一程序可能是多余的）。如果其建议没有约束力，则与尝试达成友好和解的义务相比区别不大——专家的参与和作出的决定可能有助于指导当事人达成决议。参见第8.3节草案范本8附件1方案3。

8.2.5 独立专家解决技术争议

如第8.2.1第（3）条所述，PPP合同通常列有条款，规定"技术争议"应移交独立专家或专家小组进行裁定。例如，估值问题或会计问题经常由专家决定，因为合同双方相信由详细了解具体市场/领域的专家来裁决争端更为有利。

当事人还需要认真思考"技术纠纷"的定义，以尽可能避免关于其范围的争议。一种选择是列出PPP合同特定条款并指明除非另有约定，否则该等条款项下发生的争议应被视为"技术争议"。为提升效率，建议该条款指明除非出现明显的错误或欺诈，专家的决定具有终局性和约束力。然而，这种

---

[1] 例如，《ICC争议委员会规则》规定各方可以在三种不同类型的争议委员会之间进行选择：（a）争议审查委员会（发布不具约束力的建议）；（b）争议裁决委员会（发布有争议的约束力决定）；和（c）合并争议委员会（发布不具约束力的建议，但在双方请求下发布具有约束力的决定）。第8.3节草案范本8附件1方案3说明了（a）类型。

方法应由当地法律顾问确认，因为在某些国家，即使PPP合同中有明确的约定，专家裁定条款的效力也可能不受承认。①

专家决定通常不具有与法院判决或仲裁裁决相同的"执行效力"。这意味着如果不能自觉履行专家裁决，当事人将需要诉诸仲裁（或法院诉讼）以解决争议并获得具有执行效力的裁决或判决。例如，一方当事人可能需要就对方未能履行专家决定而提起PPP合同违约之诉。因此，即使当事人选择加入专家决定条款，他们仍必须加入仲裁条款（或管辖权条款）作为后备，以防在专家决定未得履行的情况下有据可依。同样重要的是，专家决定条款范围外的事宜以及专家决定程序本身出现问题的情况也可提交仲裁（或法院）。参见第8.3节草案范本8第（6）~（11）条。

8.2.6　放弃豁免权

正如第8.2.1节所强调，缔约政府部门考虑的关键谈判点之一是，PPP合同中的争议解决条款是否应规定放弃缔约政府部门在地方及外国法院上享有的任何特权和主权豁免权（如免受社会资本诉讼的豁免权），以及在多大程度上放弃。②缔约政府部门应在此过程中尽早就豁免的性质和程度寻求意见。一般来说，PPP合同预计将被完全执行，社会资本和贷款方可能会寻求让主权机构或半主权机构大范围放弃主权豁免条款的政策。因此，缔约政府部门需要评估完全拒绝弃权情况下项目能否得具有融资可行性，或就限制条款进行谈判的让步是否可接受。

豁免是一个复杂的法律领域，但简而言之，宽泛的豁免通常涵盖放弃与解决争端有关的任何诉讼（如果使用了仲裁条款，则指协助仲裁所需的任何法院裁定），并承认任何裁决/判决。豁免还将包括执行主权机构资产（或其中某些资产）的协议，以及同意某些形式的救济，例如资产冻结。PPP合同中弃权的确切范围取决于相关法律以及合同双方现实的谈判能力。大范围弃

---

① 例如在中国，尽管基于合同法的一般原则，理论上法院可以执行专家裁定条款，但在实践中，法院可能会认为此类条款与公共政策相违背。在泰国，存在专家裁定条款无效的风险。

② 不能适用的情况：国家或招标方以书面形式对ICSID仲裁表示同意时，已经放弃了免受私营企业诉讼的豁免权，因此必须承认ICSID的裁决，并将其当作最终裁决或由地方法院下达的判决，履行金钱上的义务。但是也同样不适用于"免于执行的豁免"。为履行ICSID金钱上的义务所采取的具体措施将受到寻求执行的国家的法律的约束，其中包括该国关于主权豁免的规则。

权的范围说明详载于第8.3节草案范本8第(22)条。

当事人也应确保了解根据当地法律(无论是根据宪法安排、公共政策或其他),缔约政府部门是否有可能合法放弃其特权及豁免权。这方面应注意的是,根据一些法律,同意仲裁即被视为放弃免受起诉的豁免权,当争议涉及商业活动且属于非主权行为时,主权政府不能依豁免而免于被诉。最后,缔约政府部门可能会发现,在承认或执行判决或裁决方面,他们有更多的余地拒绝放弃豁免或在谈判中对豁免进行限制。

8.3 草案范本8

准据法条款

(1)本PPP合同及因本合同引起的或与本合同相关的任何非合同义务均受[国家]法律管辖并依其解释。

> 应仔细考虑任何PPP合同选择的准据法,因为准据法决定了用于确定PPP合同项下权利和义务的法律体系。应选择成熟、可预测的法律体系。应避免拆分准据法条款,避免引起混淆。如果选择缔约政府部门所在国的法律,投资者可能会担心当地法律会产生一些不利于其利益的变化。

争议解决

(2)因本PPP合同引起或与本合同相关的一切争议,包括因本合同引起或与本合同相关的一切非合同义务争议(下称"**争议**"),均应按照本条款[ ]解决。

(3)在争议发生时,任何一方均可以书面形式通知对方,通知应依照本PPP合同规定的发送地址,并以条款[ ]规定的方式发出(下称"**通知**")。通知应简要说明争议性质的细节。

谈判

(4)双方应当尝试通过诚实信用原则谈判解决通知中提及的任何争议。双方应各自指派其该争议的人士作为谈判代表。[CEO/被授权解决此类争议。〕谈判应在通知发出后的十五（15）天内进行。谈判均需保密，且不应影响双方在未来其他程序中的权利。

（5）〔第（4）条〕的一切规定均不影响任何一方就争议寻求紧急禁令、宣告救济或其他紧急救济的权利。

> 该项条款应该作为替代方案提供一个双层谈判的流程，在这个流程中高级代表应该只参与第二层谈判。

专家决定

（6）因条款〔适用争议被视为技术争议的所有条款〕（下称"**技术争议**"）引起或与其相关的任何争议，若无法依照条款〔引述〕友好解决，则均应依照条款〔 〕解决。在任何其他情况下，争议应依照条款〔视情况引述司法管辖或国际仲裁相应条款〕解决。

> 一种方案是从事先选好的专家人选名单上选择。然而，在交易阶段确定人选可能既耗时又令人分心，尤其是在双方均努力尝试达成交易的阶段。此外，当争议发生时还存在风险，即所选定的专家可能无法到位或可能存在利益冲突，尤其是在长期PPP合同的情况下。

（7）如任何一方请求，技术争议均应移交独立专家决定。双方应协商同意专家的委任事宜，并与专家协商同意其委任条款。若双方无法就专家人选达成一致，或若提议人选不能或不愿担任，则在一方向对方提供专家人选详情或专家拒绝担任之日起〔7〕日内，双方均有权要求〔国际商会〕依照该方申请委派一位专家。因向〔国际商会〕申请委派专家而产生及与其相关的所有费用由双方平均分担。

（8）受委托的专家可以是个人、合伙企业、协会或法人团体，且应为〔指定领域〕的公认专家，并拥有该领域〔X〕年经验。

（9）专家应依照下列规定行事：

（a）〔接受委任时，专家应确认其在决定

> 有必要加入合适的委任机构，以防当事各方无法就专家人选达成一致意见。如果没有委任机构，整个条款可能无法实行。国际商会提供三项服务，包括：（1）应一方或多方当事人、法庭或仲裁庭请求，提出一位或多位专家或中立人士名单；（2）如果当事方提出请求，作出具有约束力的委任；或（3）如有必要，对整个专家程序进行监督。此外还有不少专业机构愿意协助选择其领域内合适的专家，因而在此可以指定一个相关专业机构。

该技术争议方面的中立性、独立性，且不存在冲突]/[在委任时（或在委任期间下达决定前的任何时候），身为[ ]的董事、办公人员、员工或[ ]的人士，不得被委任为专家]；

> 当事方应考虑是否需要规定专家不得与任何特定公司或组织有所关联，因为有可能发生利益冲突。

（b）专家应以专家而非仲裁员的身份行事；

（c）专家的决定（在不存在明显错误的情况下）应为最终决定，且对双方具有约束力，并不得上诉；

（d）专家应依照本PPP合同[并与双方协商]确定其作出决定应遵循的程序[并应在其接受委任后[30]日内或其后尽快以书面形式作出决定并说明理由]；

（e）因专家决定应由一方向另一方支付的任何款项，应在双方收到专家决定通知之日起[7]日内，或在该决定指明的期限内支付；

（f）因专家决定应采取的任何行动，应在双方收到专家决定通知之日起[14]日内或在决定指明的期限内执行；

（g）专家可在其认为合适的情况下，决定自[通知]之日起，依照第[ ]条，由一方向另一方支付的任何金额（不含费用）按[ ]利率计算利息；

（h）决定费用，包括专家费用及支出（但不包括双方各自的费用，此费用应由当事方自己承担）应由双方平均分担；

（i）双方应对专家决定及与之有关的一切事宜严格保密，不得向任何其他人士透露，除以下特殊情况外：

（i）透露给此合同规定负有保密义务的当事方的审计人员及法律顾问；或

（ii）当事方有法律或监管义务必须透露的，但透露范围仅限于该法律义务的范围内；或

（iii）仅透露已存在于公共领域的信息（并非因合同当事方违反本协议所致）；或

（iv）经本协议另一方事先书面同意[无正当理由不得拒绝]。

（10）双方同意采取一切合理步骤，使其员工和代理人了解[第（9）（i）条]条款，并指示他们遵守该条款。

（11）若双方未能就以下事项达成一致：

（i）在通知送达之日起十五（15）日内，未能确定争议是否为技术争议；

（ii）专家决定是否有明显错误或存在欺诈；

(ⅲ)一方是否未能充分履行专家决定。

则该事项应依照［视情况引述司法管辖或国际仲裁相应条款］条款加以解决。

方案1：司法管辖权 ［如选择仲裁方式——方案2，则本条删除］

（12）［ ］法院对第［（11）］条规定的一切争议和相关事宜具有专属管辖权。双方不可撤销地接受［上述］法院的管辖，并同意不会就法庭的不便性提出异议。

> 从广义上讲，这意味着只有选定的法院才有权对争议行使管辖权，不过这方面通常有些标准例外情况。用这种方式明确所选定的法院，会便于确定哪些法院拥有管辖权。也存在其他方案，应寻求具体意见。

方案2：国际仲裁 ［如选择法院司法仲裁方式——方案1，则本条删除］

（12）第［（11）］条规定的任何事项和不属于技术争议的任何争议，若双方未能依据第［（4）］条友好解决，则应依照《国际商会仲裁规则》（《ICC仲裁规则》）移交仲裁并最终解决。《国际商会仲裁规则》作为参考，引入本PPP合同。①

> 为说明方便，方案2的起草是以选择国际商会规则为基础的。如使用其他机构的规则，需进行审查/调整。

（13）依照《国际商会仲裁规则》（下称"仲裁庭"），仲裁员人数应为三（3）位。

（14）仲裁员应可流利使用［英语及其相关语言］。仲裁程序的语言应为［英语］，仲裁程序中提交的所有文件均应采用［英语或附有经认证的英译本］。

> 注意此项规定可能限制过多。

（15）仲裁地应为［填入选择］。［本仲裁协议受［国家］法律管辖并依其解释。］

（16）双方承诺，对任何仲裁的所有判决、仲裁程序中为仲裁目的而制作的所有文件，以及对方在仲裁程序中制作且不属于公共领域的所有其他文件予以保密，除非(ⅰ)经仲裁庭许可；或(ⅱ)一方出于法律或监管义务，或为保

> 如上所述，仲裁地是关键，须予以仔细考虑。参见第8.2.3节。应注意，仲裁听审的实际开庭地点可与仲裁地不同。如果听审地点（场地）对双方很重要，则应在谈判早期阶段达成协议。双方可能希望加入仲裁协议适用的法律规定条款。为简化，通常指定与仲裁地相同的法律。

---

① 出于展示的需要，第2选项的起草基于国际商会的原则。如果采用其他机构的原则，则需重新审视本条款并可能做出必要的修改。

护或寻求法定权利，或依正当法律程序，为执行或质疑国家法院或其他司法机关的判决，需要进行透露。

（17）仲裁庭应以书面形式作出详尽裁决，并应尽量在仲裁庭听证结束之日起［六十（60）个日历］日内作出裁决。仲裁庭的裁决为终局裁决，自作出裁决之日起对双方具有约束力。

（18）可向任何有管辖权的法院申请对仲裁庭的裁决进行认定，并申请执行裁决。

（19）除非仲裁庭另有决定，仲裁员费用和相关机构费用应由双方平均分担。

合并仲裁

（20）为方便全面解决相关纠纷，如本PPP合同及［填入相关协议］项下提出了多项仲裁，（下称"相关协议"），则社会资本及缔约政府部门同意按下列规定对仲裁进行合并：

> 参见第8.2.3节中步骤4的探讨：合并审理——关联合同/关联当事人。

（a）就仲裁规则而言，本PPP合同规定的仲裁协议与各相关协议所包含的仲裁协议应一并被视为一项仲裁协议，该仲裁协议对本PPP合同各方和相关协议各方均具有约束力。

（b）本PPP合同或任何相关协议的任何一方均可依照《国际商会仲裁规则》被并入本PPP合同或任何相关协议项下提起的任何仲裁。

（c）依照《国际商会仲裁规则》，本合同项下争议可与任何此类相关协议项下产生的争议（定义参见任何相关协议）合并在同一仲裁中解决。

（d）根据《国际商会仲裁规则》第10（a）条，双方同意将本PPP合同和/或任何相关协议项下提起的任何两件或多件仲裁依照《国际商会仲裁规则》合并为单一仲裁。

（e）在争议已依照本条［ ］中规定的方式得到解决的基础上，双方均放弃在按该方式解决争议之后对任何仲裁庭作出的任何仲裁裁决的有效性及/或其执行提出任何异议。

持续义务

（21）在本条 [ ] 规定的仲裁程序或任何其他争议解决机制进行期间，双方应继续履行本PPP合同。

> 某些情况下含有此类表述的条款并不适当。（例如在PPP项目并非时间先决及/或争议涉及根本问题时）

放弃豁免权

（22）[在法律允许的最大限度内，缔约政府部门不可撤销且无条件地]：

> 此条款属于大范围弃权，缔约政府部门很可能想要拒绝或限制，尤其是子条款（b）。

（a）对于 [仲裁地所在的司法管辖区] 法院为支持任何争议及承认任何仲裁裁决而做出的任何判决或命令，服从与承认该判决或命令有关的任何司法管辖区法院的管辖，同时放弃并同意不向与该判决或法庭命令或仲裁裁决承认有关的任何法院主张任何主权或其他豁免权，并同意确保其代表也不提出此类主张。

> 缔约政府部门可选择放弃诉讼豁免权，因为根据适用法律，该豁免权已被视为放弃，如在商业交易情况下。应寻求专业法律意见。

（b）[对于为支持与解决争议相关的仲裁或任何裁决，以及最终仲裁裁决前后任何其他管辖区法院下达的任何救济，同意该命令或判决的执行，包括但不限于：（i）为履行特定义务或追回任何财产，以临时或最终禁令方式进行的救济；（ii）资产的扣押；（iii）针对任何财产、收入或其他任何资产（不论其用途或预期用途），放弃并同意不向与该执行和救济（包括因此产生的豁免权）有关的任何其他管辖区法院主张任何主权或其他豁免权，并同意确保其代表也不提出此类主张]。

附件1：其他草案方案

除第8.3节草案范本8第（4）条规定的非正式谈判条款外，双方可协商决定加入下面列出的部分或全部非正式争议解决条款。在考虑这些其他方案时，应参考第8.2.4节。为说明方便，本草案是以国际商会（ICC）的规则为基础。如采用其他机构的规则，本草案须作相应审查或修改。

方案1——调解

> 方案1可能有助于鼓励各方在争议早期阶段通过非正式方式解决争议。

（1）如果双方无法在通知之日起［15］个工作日内（或双方在该［15］个工作日届满前，以书面形式商定的延长限期内）协商解决通知中所述的争议，则［任何］一方均可以书面形式［按本协议条款［引述条款］（通知）规定的方式发送至规定的通知发送地址］通知其他［对方/其他各方］，将争议提交调解解决（下称"**调解通知**"）。如果一方依照本条［调解］将争议提交调解，则争议［双/各］方均有义务遵循以下流程。

（2）调解应由一位调解员进行，该调解员由各方经书面协议形式指定。如果各方在［调解通知］之日起［五（5）］个工作日内未能就调解人选达成一致，或如果各方选定的调解员当时或之后不能或不愿进行担任，则应由［国际商会］依照［任何一方］的申请指定调解员。

（3）调解应于按［国际商会调解规则］，于［地点］用英语进行。各方应各自指派一位授权代表参与调解，解决争议。

（4）除为实施和/或执行具有法律约束力的书面和解协议或另有法律规定外，调解的执行不得影响各方在任何后续事项中的权利。

（5）除非另有书面协定，调解费用，包括调解员的费用及支出（但不包括各方各自的费用，此费用由产生费用的一方独自承担）由双方平等承担。

方案2——组建高级代表小组

（1）本协议生效后，缔约政府部门与社会资本应尽快成立缔约方高级代表小组。该高级小组将进行会谈并尝试通过非正式方式解决呈交给高级小组的任何争议通知（以下简称"高级小组通知"）。

> 方案2常见于施工争议，但可能增加成本并延误最终解决。

（2）高级小组由［四名成员］组成，缔约政府部门与社会资本各任命［两名］。任何一方均有权终止其对高级小组代表的委任，并指定替换代表。

（3）高级小组的代表应获得正式授权，代表其指派方作出与待处理争议相关的决定，并具有合同约束力。

（4）［在任何会议上，高级小组经一致决议，可以选择并委任一名调解员依照小组协商同意的条款协助他们解决争议］。

（5）高级小组必须在高级小组通知下达之日起［十五（15）个工作］日内召开会议，并尝试通过诚实信用原则谈判解决任何呈交至小组的争议。如高级小组未能在此期限内召开会议，且各方未同意延期的，则任何一方均可将争议提交仲裁，或在技术争议的情况下，依照条款［专家决定］将争议提交专家处理。

（6）涉及召开高级小组会议的高级小组通知中应说明争议的性质。

（7）除各方另有约定外，高级代表小组的会晤将在［此处插入城市名称或地址］举行。

（8）任何一场高级小组会议的法定与会人数为［缔约政府部门与社会资本至少各有一名代表］。如果会议指定开始时间后30分钟内，与会人员未达到法定人数，则该会议应延期至由双方代表同意的时间、日期和地点举行。如果双方未能就延期会议达成协议，或延期会议仍未达到法定人数，则任何一方均可依照条款［仲裁］将争议提交仲裁，或在技术争议的情况下，依照条款［专家决定］将争议提交专家处理。

（9）高级小组应尝试在依照上述第（5）条规定召开高级小组会议之日起［十（10）个工作］日内解决争议。如果高级小组未能在此期限内解决争议，任何一方均可依照条款［专家决定］或条款［仲裁］的规定，立即将争议提交仲裁或专家决定。

（10）在高级小组的任何会议上，就与争议有关的任何决定进行表决时，须经全体代表一致决议，每位代表一票。正式通过的高级小组决议如为书面形式并由全体高级小组成员签署，则为终局决议，对缔约政府部门及社会资本具有合同约束力。

（11）依照上述第（1）条规定，如果在高级小组通知下达之日起［三十（30）个日历］日内通过双方的友好协商或通过高级小组决议（以签署书面条约为准）未能解决争议，则任何一方均可按照条款［仲裁］将争议提交仲裁，或在技术争议的情况下，依照条款［专家决定］将争议提交专家处理。

方案3：争议审查委员会条款

> 方案3常见于施工争议，但可能增加成本并延误最终解决。

（1）如果未能依照上述条款［引述友好解决条款］在收到通知之日起［三十（30）个日历］日内友好解决非技术争议，则任何此类争议均应由任何一方提交至争议审查委员会（下称"争议审查委员会"）依照本条款［　］规定解决。

（2）双方特此同意依照《国际商会争议委员会规则》（《ICC争议委员会规则》）设立争议审查委员会，《国际商会争议委员会规则》作为参考，并入本协议。

（3）依照《国际商会争议委员会规则》，争议审查委员会由三（3）名成员组成，每名成员均应流利使用［英文］，同时具备与此PPP项目类似的项目合同相关的专业经验。

（4）因本PPP协议引起的或与本合同有关的一切争议均应首先依照《国际商会争议委员会规则》提交争议审查委员会。对于任何提交的争议，争议审查委员会应依照《国际商会争议委员会规则》出具一份建议。

（5）如果任何一方拒不依照《国际商会争议委员会规则》之规定遵从上述建议，另一方可将其不遵从建议这一事项本身，依照［引述仲裁条款］提交仲裁，无须提交争议解决委员会［此处插入仲裁条款的规定］。拒不依照《国际商会争议委员会规则》遵从建议的一方，不得就建议本身的对错提出任何问题来为自身拒不遵从建议进行辩护。

（6）如果任何一方依照《国际商会争议委员会规则》向另一方及争议审查委员会发出书面通知，表示其对建议的不同意；或如果争议审查委员会未能在规定时限内依照《国际商会争议委员会规则》出具建议，或如果争议审查委员会依照《国际商会争议委员会规则》规定解散，则争议应依照仲裁条款［引述仲裁条款］提交仲裁进行终局裁决。

附件2：评估社会资本是否可能享有国际投资协定追索权

当事各方应考虑社会资本是否可能在合同规定的权利外，在某些情况下享有国际投资协定（"IIA"）的追索权，国际投资协定既可能是双边投资协定（"BIT"）（全球已签署了3 000多项双边投资协定）、多边投资条约（如《能源宪章条约》），也可能是自由贸易协定（"FTA"）中的投资章节。这些国际投资协定为投资者提供了一些应对国家措施的实质性保护，包括发生无理和歧视性对待、未充分和及时赔偿的征用，或未能提供公平公正待遇及全面安全保障。大多数国际投资协定还为投资者提供将其与投资东道国的投资争议提交至具有约束力的仲裁的权利。

如果社会资本所在国与缔约政府部门所在国均为国际投资协定的缔约国，则社会资本在特定情况下可以依照国际投资协定所确立的仲裁机制，就违反各自国际投资协议所规定的且与PPP合同有关的实质性保护提起违约索赔。这方面采用的机制往往是根据《UNCITRAL规则》、ICSID仲裁或《ICSID附加便利规则》进行仲裁。（《附加便利规则》是一套附加的仲裁规则，适用于解决不符合《ICSID公约》管辖权要求的争议。）值得注意的是，依照国际投资协定提出索赔的权利独立于，或附加于PPP合同项下的任何合同索赔权利。

9 债券融资

9.1 关键问题

9.1.1 债券融资的概念

一般来说在企业界，公司筹集资金的方式可能不是从银行贷款，而是选择发行债券然后由投资者购买。在这种情况下，债券是一种债务工具，可提供比银行贷款更稳定、更长期的融资资金。发行债券的公司向债券持有人定期支付利息，利率通常为固定利率，但也可能采用浮动或与指数挂钩的利率，并在债券到期时一次性或按计划分期偿还全部本金。与银行贷款一样，发行债券也需要特定的文件，并遵守一套既定的流程。

债券可以公开发行（在证券交易所挂牌）并允许投资者自由交易；也可以通过私募（仅提供给数量有限的投资者），在这种情况下，投资者的转让可能会受到限制，这些限制取决于发行人与投资者之间的关系。私募债券交易可以选择是否挂牌。如果选择挂牌，发行人则必须遵守挂牌机构关于发行人向潜在投资者披露业务信息方面的详细规则，还需遵守证券法对信息披露的规定。

公开发行的债券通常由至少一家评级机构进行信用评级，私募债券则非必须进行信用评级。评级机构为发行人的信用提供独立评估，投资者可以以此为参考，评估发行人是否能够履行其还本付息的义务。一些投资者（由于监管或政策原因）只投资"投资级别"的债券（如至少获得标准普尔或惠誉BBB-评级或穆迪Baa3评级）。

由于债券的期限可以很长，因此它们适合那些寻求可预测的长期投资以匹配其未来到期债务的机构，例如养老基金和保险公司。

9.1.2 PPP项目采用债券融资的原因

在2008年全球金融危机之前，大多数PPP项目的成功融资都是通过社会资本从商业银行获得的长期贷款实现的。但近几年来，由于金融危机和随之而来愈发严格的银行监管[①]，可用于大型基础设施建设项目的银行贷款额度

---

① 例如针对银行资本充足率提出的巴塞尔Ⅲ协议（Basel Ⅲ）。

下降、期限缩短，从而影响投标价格，并且如果无法获得整个项目期间的贷款，还会带来再融资风险。另外，由于没有完整项目期限内的投标价格，投标人提交的投标文件中提供的银行贷款期限不尽相同，将给评标工作带来极大难度，会导致不合规和无可比性的问题。

这意味着在一些PPP市场（特别是欧洲和澳大利亚），投标方和缔约政府部门都不得不考虑其他融资形式——在投标人方面，需确保其投标可以获得融资并保持竞争力，同时在缔约政府部门方面，需确保投标方提供的融资方式（例如标书中包含要求通过非银行融资的内容）物有所值。

即便在流动性良好的市场中，仍有其他理由将债券融资作为融资方式之一。在某些情况下，公开发行或私募的债券融资可获得比银行贷款更实惠的利率为PPP项目提供长期融资。最近在发达市场的例子包括根据欧洲投资银行的项目债券增信计划获得融资的项目。由于债券的还款期限更久，定期还款的金额可能低于银行贷款还款的金额。在这种情况下，缔约政府部门（或最终用户）可以获得价格更低的PPP合同。对于社会资本来说，相比银行融资，这种融资方式在还款期间可以有更多的现金分配给股权投资者。债券融资（通常是固定利率）的长期性也使社会资本能够在整个PPP项目期间（或在再融资后的剩余期间内）固定其融资成本，而不需要进行单独的利率对冲安排，这使项目具有确定性，并且减少了后续再融资的可能性。然而，如第9.3.2节所述，债券融资不一定适用于所有PPP项目，考虑到交易成本的相对规模，这种融资方式尤其不适合价值较小的项目。

投资者的需求是考虑进行债券融资的另一个原因。非银行金融机构（如保险公司和养老基金）对投资PPP项目的兴趣越来越大，因为他们认识到PPP项目可预测的长期收益可以与其长期负债对冲。鼓励这些机构进入PPP债务市场能够拓展贷款方基数并增加流动性。随着越来越多的私募融资的出现，缔约政府部门也应该能够受益于更具竞争性的融资方式，得以开展更多的PPP项目，并受益于因竞争而降低的投标价格。[①]

然而，PPP项目的债券融资确实有其自身的挑战性，这在本章中将进一步论述。一个关键因素是债券的定价可能在融资交割前的较短时间内（如5个工作日）才能最终确定，公开发行的债券尤其如此。这可能会导致缔约政

---

① 许多相关机构都将债券融资作为银行向基础设施项目融资的另一种方式。参见附录：其他PPP相关资源中的链接。写作本指南过程中，这些链接内容起到了参考作用。

府部门在评估投标方面遇到困难，因为一个选项是已确定融资方式的投标；而另一个融资选项的价格可能更具竞争力，但是具体价格尚未确定。[①]债券融资过程的时间因素也需纳入采购流程中考虑。一些PPP项目也可能要求采取增信措施以实现成功的债券融资，这对于具有特定风险（无论是政治、技术还是开发风险）的项目来说更是如此——这在本章中也将进一步论述。在这种情况下，如果拓宽可能的融资渠道更有利的话，那么缔约政府部门应该考虑在采购流程的早期就与潜在的增信机构接触。参见第9.5节。

在某些情况下（例如由于上述风险类型或时间限制等），PPP项目可能在融资交割时通过其他方式（例如银行贷款）获得融资，但在后期（通常是建设完成后）通过债券融资进行再融资。本章主要侧重于融资交割时的债券融资，但也涉及再融资方式。

本节概述了PPP项目中的债券融资流程，着重说明了缔约政府部门在评估债券融资是否能作为其PPP项目的适当选择时应考虑的因素，以及（如果决定采用债券融资的话）缔约政府部门在投标阶段和最终与债券融资投标成功结算时应考虑哪些因素。对于缔约政府部门来说，关键是需要做好准备即时调整促进债务融资的适当方式——但这不应使缔约政府部门承担比银行融资更大的风险或责任。

9.2 理解项目债券融资

9.2.1 债券发行流程概览

在PPP项目融资中发行的债券通常称为"项目债券"。项目公司本身可能就是项目债券的发行人，但更常见的情况是由独立于项目公司的特殊目的实体（"发行人"）发行债券，并将其融得的资金借贷给社会资本。这可能是为了方便，也可能是出于监管或税务的原因。通常来说，发行人和项目公司是关联公司。和项目公司一样，发行人也必须遵守相关公司章程以及适用的

[①] 但是，需要注意的是，即使在银行融资过程中，部分定价因素也只会在融资交割时才确定下来。参见第9.3.4节。

法律法规，并获得所有必要的内部和外部授权。

债券发行的流程取决于其是公开发行还是私募发行。发行时间取决于一系列问题和尽调的要求，例如评级机构和投资者尽调和信用调查所需的时间，准备发行备忘录或招股说明书等披露文件所需的时间，挂牌的流程（如适用），开立银行账户，规划和开展路演推广的流程以及准备最终交易文件等。

代理银行和项目公司代表通常会进行投资者路演，介绍发行人、PPP项目、项目公司的管理团队、拟定的融资方式和风险控制手段等，并给投资者了解更多信息的机会。私募债券的流程也大致相同，但对于各个投资者的针对性会更强。

项目债券分期还款，每期偿还金额可以相等、不等和/或以"变大的气球"的方式在最终到期时偿还本金。利息通常是定期支付，被称为债券"息票"——即投资者的收益回报。

9.2.2 项目债券结构——单渠道融资

如果PPP项目仅依靠债券融资，其结构可能如下：

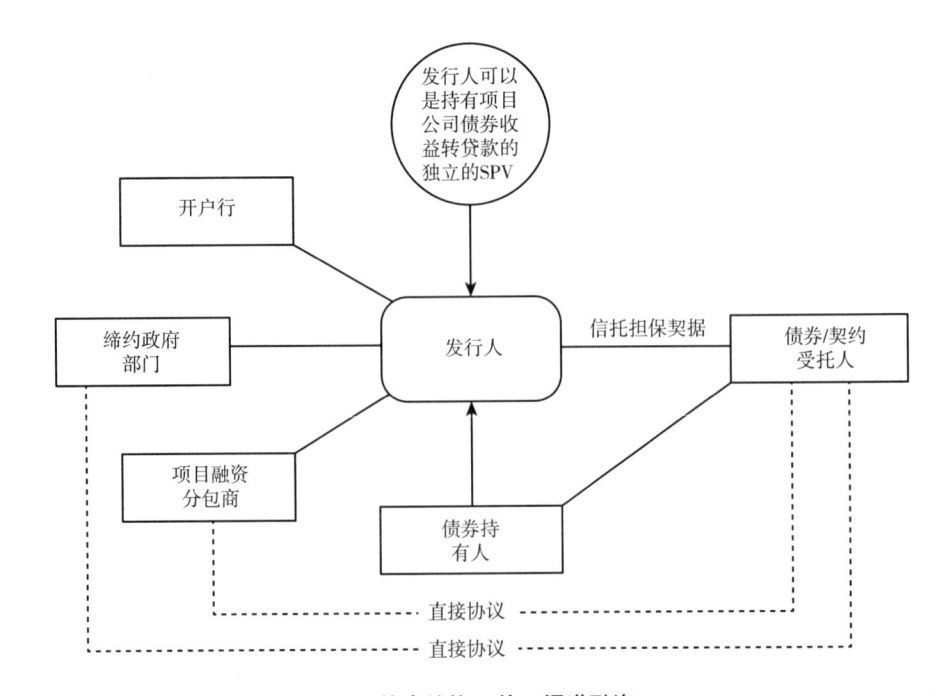

项目债券结构：单一渠道融资

9.2.3 项目债券结构——多渠道融资

许多大型项目的融资交易包括了商业银行贷款和项目债券融资。采用这种多渠道的方式有多种原因，包括使融资渠道多样化、在等待最优的资本市场融资条件时以银行融资作为过桥资金，以及对循环运营资本的需求——这一需求只能由银行满足。

如果PPP项目通过债券和银行融资结合的方式获得融资，其结构可能如下：

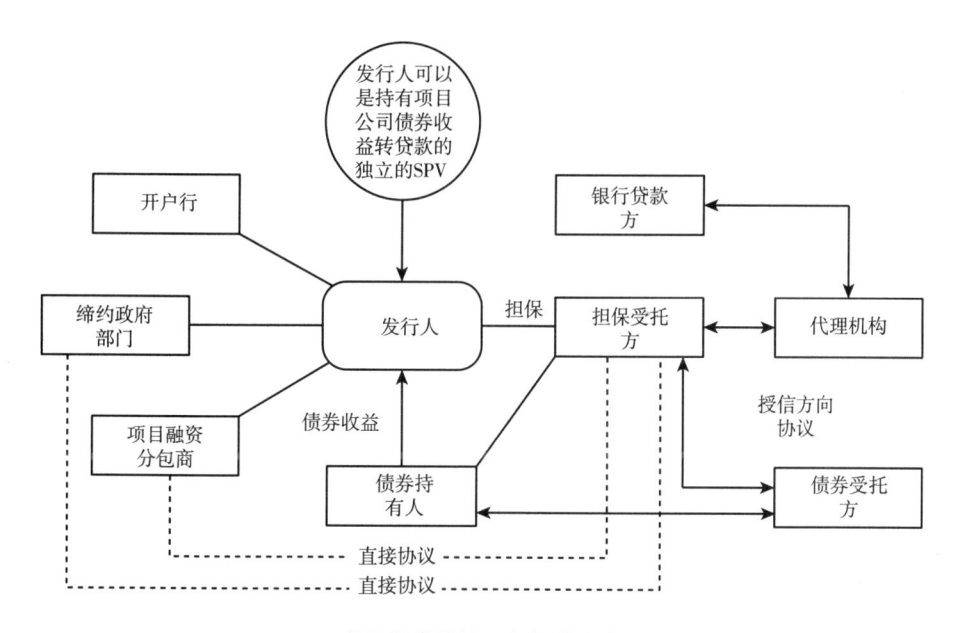

项目债券结构：多渠道融资

9.2.4 参与方

项目债券融资的主要参与方是发行人和债券持有人，对于公开发行的债券则还有代理人和债券托管人。私募债券中可能会有债券持有人代表，但不是所有私募债券都是如此。

像通过银行融资的项目一样，担保托管人或代理人将代表债券持有人持有担保权益。

9.2.5 文件

债券的具体文件取决于具体交易,但发行债券通常需要以下文件:

- 发行备忘录——该文件须包含投资者做出了解情况的投资决策所需的所有信息和披露内容。披露的标准应依照相关的证券交易所和/或适用的证券法规定。依照证券法以及债券认购安排下对代理人承担赔偿责任的合同规定,发行人为此文件的准确性负责。发行备忘录列出了债券相关风险因素,以及与发行人业务、项目(包括风险控制)、发行人、项目公司、任何担保人以及债券收益的使用等相关的信息。在PPP项目中,该文件还披露了社会资本与相关缔约政府部门之间签署的PPP合同的性质。公开发行债券必须包含发行备忘录;私募证券则可以提供(较不正式的)信息备忘录。无论何种债券,从法律和合同的角度来看,发行备忘录都是一种代理人用于销售证券的营销工具。
- 公开发行债券需要认购或购买协议——发行人与代理人之间签署的协议,代理人凭此协议认购债券。
- 发行人与债券托管人之间的信托契约(若采用纽约债券法则为信托契据(Indenture))——债券根据此文件成立,此文件可包含一系列协议(如果采用了多个融资渠道,也可能会涉及采用一个通用条款的协议)。
- 发行私募债券需要票据购买协议或票据认购协议——私募债券根据此文件成立,初始持有人将同意据此购买债券。

与银行融资一样,债券融资也需要担保、股权和贷款方之间的文件,同时,特许经营协议通常需要作出一些带限制条件的修订,如下文第9.3.9节所述。

9.2.6 公开发行债券

如第9.2.1节所述,公开债券可由项目公司发行,或者通过独立的公司(通常是关联公司)来发行债券并将融得资金贷给项目公司。发行人可以选择通过代理人（通常是银行）或银行财团（在这种情况下，代理人是"主要管理者"或"主要代理人"）分销项目债券。代理人充当顾问，安排交易并根据认购协议认购债券（或通过承销协议承销债券，此情况比较少见）。然而在实践中，代理人只会在结算日的前几天（通常是5个工作日）签署债券认购协议。在此之前，代理人将同投资者签署背靠背协议，投资者依协议承诺向代理人购买债券。如果投资者未履行此协议，则代理人仍须依据认购（或承销）协议的条款认购（或承销）该债券。

9.2.7　私募发行债券

发行私募债券的流程与公募债券类似，但更为直接。这一流程中没有代理人，而是由私募中介推动债券的发行，但其并不承销债券。由于债券以非公开的形式向少数选定的投资者募集，因此也不需要银行财团。债券的条款和条件直接由发行人和投资者商定（类似于银行贷款的谈判过程）。同样，尽调信息直接在发行人和投资者之间传递。私募中介可能还需要处理行政事务，比如向投资者支付本金和利息。

9.2.8　非银行债券投资者的类型

非银行资本市场投资者通常是保险公司、专业的基金经理、养老基金和主权财富基金。传统上，相对于债权投资，这些投资者更青睐项目的股权投资，但现在他们也越来越关注债权投资。投资者的策略各不相同，其投资方式也受各种因素的影响，如市场趋势、投资理念、监管程度、风险偏好、负债情况、文化因素、治理结构、税收问题、司法制度及最重要的自身可用资产等。一些投资者可能要求投资达到投资级别的信用评级、具有担保，或即将挂牌。另一些投资者则可以接受非投资级别或未评级的投资工具。投资者对债券投资的收益预期取决于所涉及的风险以及投资的流动性。与商业银行一样，他们也将会对投资资金提出各项要求，且只有满意风险控制方式的情况下才会进行投资。

准备投资于PPP项目的机构投资者面临的两个主要挑战是了解资产的风险状况和与贷款方保持密切来往。这些将在第9.3.8节和第9.5.1节中进一步讨论。

9.2.9 债券融资的提款

发行债券融得的资金通常在融资交割时一次性获得，但由于PPP项目的支出项目不尽相同，在PPP项目建设期实际需要使用资金前，社会资本需要将融得的资金进行投资。[①] 这通常会导致"负利差"，因为社会资本获得的利息通常低于支付给债券持有人的利息（尽管这可能是因融资成本的降低而抵消）。这与传统的银行融资形成了鲜明的对比。在传统银行融资中，贷款是在建设期间按需随时支取的。

在某些情况下（更有可能是私募债券中），债券持有人可能会同意分段支付债券资金（从而更符合PPP项目的支出情况）。这意味着，只有在需要资金的时候才能有效发行和认购债券，而不是在融资交割时一次性全部发行。尽管这可能会降低负利差的风险，但债券持有人可能会要求获得更高的投资回报，因为他们必须留存足够的可用资金而不能自由地投资在其他地方。分段支付的结构通常会限制潜在投资者的范围，因为只有部分投资者有能力使用这种方式。这也是为什么PPP项目在建设期间一直采用银行融资，而在银行融资的提款完毕、工程建设完成、现金流产生之后才通过发行项目债券进行再融资。

新兴市场和发达市场的区别

在新兴市场的PPP项目中，分段支付的结构不太可行。类似地，虽然在发达市场中尝试了减少或避免负利差的方法，但这些方法很可能是高度定制化的，只针对发达市场中某些投资者可行。

9.2.10 信用评级

如上所述，债券发行（尤其是公开发行）通常会由外部信用评级机构进行信用评级。许多投资者出于监管、资本充足率或政策原因，只能投资于具

---

① 在债券融资中，融得的资金一般会以固定利率存入评级较高的银行直到需要使用时提出，以此来减少未使用债务的成本。

有评级的金融产品。信用评级是向投资者推介债券的一种工具。

通常情况下，每个评级机构也会发布一份"售前报告"，列出其PPP项目评级的标准并提供临时的评级（在评级前加上"[P]"表示）。售前报告的信息通常会用于路演阶段。债券发行之后，信用评级机构会审阅最终的文件，从而确定最终的信用评级。

9.3 缔约政府部门的重点考虑因素

9.3.1 顾问

如果缔约政府部门正在考虑采用债券融资，那么应当确保其尽早聘用具有项目债券（和其他融资渠道）经验的法律和财务顾问。这些建议对于评估融资渠道是否合适、制定投标要求、评估投标、定价和交付能力、审查相关融资文件以及理解债券融资对PPP合同条款和机制的影响等方面都至关重要。如第4.2.2节解约金所述，理解相关协议对限制缔约政府部门在有关融资文件的补偿条款中所承担的责任十分重要。

9.3.2 融资的适当性

如果缔约政府部门希望投标方能够提供可实现的价格最优的融资，则在适当的情况下，投标过程应允许采用银行贷款外的融资渠道。在项目的筹备阶段，缔约政府部门应评估其提出的PPP项目的关键特征是否适合采用债券融资；如果合适，则应在最初启动PPP项目时向投标方公布。在这种情况下，应相应地起草投标文件和采购规则。

最终决定融资方式的是社会资本，而缔约政府部门的作用不仅是针对PPP项目的融资方式保持合理的中立立场，而且要在恰当的时候推动不同的融资方式。要根据PPP项目的具体特点选择合适的融资方式。发行人和缔约政府部门都需考虑一系列因素，评估在不同的融资方式下（如银行或债券融资——无论是公开发行还是私募的）这些因素的对比情况，包括PPP项目期间对各种情形的适应性；在各种融资方式中，融资方提供的贷款期限和利率结构与PPP项目收入和债务状况的契合程度；交易风险的性质和目标投资者的风险偏好；保密的重要性（在要求的信息披露程度下）、所选方案的总体成本效益和经济学原理，以及相应的物有所值。

缔约政府部门应牢记债券融资需要大量的筹备费用（例如获得信用评级、准备债券文件及推广等）。特别是采用公开发行债券的方式，法律咨询的费用会很高。出于成本、复杂性和投资者偏好等原因，债券融资通常最适合大型的PPP交易（例如规模超过2亿美元的债券融资）。虽然公开发行适合更大的交易，但考虑到私募债券具有更灵活的信息流和较宽松的信息披露要求，其可能更适合PPP市场。另外，私募债券投资者的数量正在不断增长，因此流动性也在提高。

如果政府部门的招标程序规则对融资的确定性有所要求，那么可能在一定程度上会限制选择的余地。如上所述，在公开发行债券时，融资价格和金额通常只有在财务结算前较短的时间内才能确定，但银行融资的一些因素同样也只有在财务结算时才能确定。在某些国家，政府部门融资渠道的选择也可能形成于实践而非由法律规定。参见第9.3.6节。

9.3.3 评标

当出现不同的融资方案时，评标过程会更加复杂，因此在起草投标文件时应注意确保投标文件可以让所有融资方案或融资种类被透明地比较。

缔约政府部门可能选择要求投标人提交一份基于具体条款的合规投标（如银行贷款），但也允许有不同类型的投标（如债券融资）。缔约政府部门应牢记，筹备两个融资方案对于投标人而言成本较高。投标人可能会在投标过程后期选择一种融资方式，因此通常需要一套成熟的融资方案。如果投标人需要大量投资成本，那么缔约政府部门可能希望考虑是否补偿部分筹备融资方案的成本。

如第9.3.1节所标示的，专业知识对于投标评估至关重要，至于具体到债券融资方案，则需评估募集能力、定价水平、定价特征和价格风险管理手段的差异——考虑到定价过程，债券融资过程可能更加复杂。参见第9.1.2节、第9.3.4节和第9.3.5节。

9.3.4 评估可交付性

因为安排人承销债券的做法并不常见，公开发行的债券的可交付性和定价通常在实际发行前不久才能确定（即融资交割几日前）。因此，与银行融资的方式不同，缔约政府部门仍受可交付性风险因素的影响。私募市场的情况有所不同，但取决于投资者是否愿意在投标过程中保留定价。缔约政府部门经常会发现，在投标或最终报价阶段很难取得全额债券融资；而在投标或最终报价阶段，从银行获得的承诺额可能或显得更可靠。然而值得注意的是，尽管银行债务的借款利率可能已经确定，也能从银行得到与借款利率相关的承诺（通常会有一定的附加条件），但掉期率将影响缔约政府部门应付的总成本，且只有在融资交割时才能确定。所以，虽然债券融资方案可能有更大的交付风险，但银行融资方案的最终成本要素风险在融资交割前仍影响缔约政府部门。

若采用公开发行债券的方案，缔约政府部门可要求债券安排人在投标或最终报价阶段提供支持函（Letters of Support），并寻求部门顾问的专业意见。所以，债券安排人应谨慎拟定支持函的条款。此外，在最终报价阶段，为了帮助降低可交付性风险，建议缔约政府部门要求投标人对其提出的融资结构进行"预评级"。缔约政府部门也可要求投标人：（1）提交证据证明可以达到引起投资者兴趣的最低评级（例如投资级——也就是说BBB-或者更高，甚至达到A）；（2）若最终未能达到目标等级，则接受任何价格上涨的风险。如第9.3.3节所示，缔约政府部门可能需要比较几家投标人的债券融资提案。

9.3.5 评估价格

为了能够对融资方案进行适当比较，缔约政府部门应在招标文件中明确列出最低要求和评估标准，以方便正确比较（未承诺的）债券融资方案和确定承诺的银行融资方案及企业融资方案。如果允许投标人提交混合融资的方案，也会很复杂。缔约政府部门也可能希望提出有关评级的要求（评级代理机构的水平和身份）。除了评估价格（如果没有明确的定价承诺可能很困难），关键还有审查投标人在评估债券融资提案时使用的定价方法的风险性和稳健性（详细列出定价组成）。定价方法应尽可能参考类似债券发行或组合债券发行的市场价格。如果没有有效参照，可把主权债券发行、政府机构或半国营机构的发行当作参照。在确定最终报价时，缔约政府部门可考虑提供指示性债券定价数据或基准收益率曲线，以供投标人投标。投标人可在其融资模型中运用上述定价作为参考以确定报价。这样的定价数据应根据不同评级结果和融资中其他关键特征来拆分信息。缔约政府部门可以考虑设定一个价格范围，在此范围内，PPP的成本可接受，债券可以发行，且定价超出该范围时也保留不关闭交易的权利。

9.3.6 在选定中标人和融资交割之间的价格波动

如第9.3.4节所述，公开发行的债券（在某些情况下包括私募债券）在实际发行前几天才能确定定价且最终公开发行债券的定价很大程度由市场驱动，因此最终报价和融资交割时的价格之间存在波动风险。为了帮助消除竞标阶段价格和最终定价之间的潜在不确定性，缔约政府部门和投标人在采购过程早期应商讨分散价格波动风险的风险分担机制。在某些国家，以假定缔约政府部门或所有发行人、投标人、投资者和缔约政府部门都在价格波动风险上达成共识为前提，投标人往往会预先作出坚定承诺。此类机制也可作为投标策略的一部分由投标人自行处理。

在指定优选投标人之后，缔约政府部门还应要求优选投标人跟踪定价活动，并在融资交割前定期告知相关信息。

缔约政府部门还应确保融资交割的机制符合国家（公共）法律对预算审批的规定（因为宣布优选投标人或授标流程的价格可能在授标后才确定，并可能附带条件）。

大陆法系和英美法系的差异

法国的公共采购规则要求缔约政府部门在早期阶段就确定PPP项目的总成本——这是惯例而非法律规定。这可能会使交易转向银行融资和私募，因为公开发行债券的价格只在"定价"阶段（发行前几天）才确定，这就造成了PPP项目总成本的不确定性。

虽然比利时的市场惯例与公共法律在许多方面与法国类似，但实践证明可以结合创新的投标和合同规则开展道路项目的债券融资。在这种情况下，缔约政府部门会在合同授予前评估和审批最大支出额。

9.3.7 时间安排

缔约政府部门需要意识到，债券融资方案的准备时间通常比银行融资方案更长，因为通常需要获得信用评级、准备债券发行文件、向投资者推广债券并满足监管要求。采购时间表也需要考虑到这些因素。

如第9.2.10节所示，在最终报价阶段可能需要预评级，融资交割时需要最终评级。评级过程一般会持续至少4周，更复杂的交易所需时间可能更长。然而，准备所需的支持性材料需要追赶投标进度。因此，只有在交易结构（例如风险分担和PPP合同的其他关键条款）保持稳定且不太可能发生实质性变化的情况下，才开始预先评级的过程。同样，只有在PPP项目文件基本定稿之后，才能开始最终评级。总而言之，在优选投标人确定、PPP项目文件最终定稿之后，最终评级和推广债券可能比银行融资的融资交割时间长4~6周。

9.3.8 债券持有人决策

持有项目债券比持有主权或企业债券需要更多的资源，因为项目债券需要有效地回应众多类似弃权声明书、变更同意书以及在PPP项目建设阶段出现的其他变数。债券融资与银行贷款的一个关键区别是，机构投资者可能没有同样的能力积极与发行人和社会资本进行沟通。然而，尤其在欧洲，越来越多活跃的私募投资者希望——也能够——积极持续地参与PPP项目。缔约政府部门及其顾问需要了解这一点，并确认债券持有人的现行决策机制不会妨碍私募合伙人履行PPP合同的能力。

在专项保险公司（monoline）担保的债券中，专项保险公司降低了风险，因为他们扮演了"控制债权人"的角色并作出决定。然而，这种结构也有问题，因为专项保险公司一旦被降级，在没有提供切实的增信措施时仍享有决定权。实践中，也有监测顾问等其他机制来促进有效决策，但并未获得市场的普遍认可，因为监测顾问没有提供信贷，不会与债券持有人一起承担决策风险。如果存在"信用提供方"，增信结构可能会达到类似结果。参见第9.5节。

9.3.9 文件变更

如果PPP项目是由债券融资的，PPP合同的起草必须反映参与项目的结构、参与方和文件。要记住的是，在实际操作中，起草不需要太多的修改。一般来说，受影响的条款主要是：

- 融资文件的定义（如定义"优先级融资文件"）——这需要包括债券融资文件（但不包括发行人和社会资本之间的转贷款协议文件）。
- 对相关各方的说明——如果发行人独立于社会资本，则可能需要说明，贷款方的定义可能需要修改。
- 合同终止的费用——相关条款需要反映债券机制。参见第9.4节。
- 保密性——除了在发行备忘录中披露PPP项目的相关信息，如果债券可转让，相关条款还需要允许向潜在投资人披露PPP项目的细节。此外，除了项目安排的发行备忘录披露的最初信息，包括合同细节，证券法通常要求持续公开项目表现，尤其是重大不良情况。项目参与者应牢记这一点，并将其反映在项目合同中。
- 再融资——这些条款需要允许在不触发再融资条款的情况下开展一般的债券交易（例如，通过调整"排除再融资"的定义）。

同样的情况也适用于确保直接协议发挥有效作用（参见第6章贷款方介入权）。可能需要通过额外的变更来反映特定的债券机制（例如不同的报告要求/时间），而且可能不止一方想要获得给予代理人的权利（例如，贷款提供方和担保受托人一般会收到提供给代理人的通知）。

在考虑修订文件时，缔约政府部门若希望吸引全面的融资选择，就应避免针对债券作出非绝对必要的修订，以确保不会降低其他融资方案的吸引力和/或阻止银行债务提供者参与。缔约政府部门也可能想确保任何针对某方案的修订都是客观合理的。

若PPP项目在融资交割时是通过其他方式融资的（例如银行贷款），且预期会发行债券再融资，那么起草合同条款应考虑到这一点。这可能需要在融资交割时签署的PPP合同中适时写入起草条款（比如涉及再融资），并设计好在实施债券再融资时生效的修订项。如果PPP合同没有考虑到债券再融资，那么关于政府同意权和相关事项，双方需要同意商定适当的修订案。参见第5章再融资。

9.4 合同终止费用的计算

9.4.1 未偿还优先债的计算

未偿还优先债仅指在融资交割时发行和购买的债券。发行人持有已发行债券，目的是后期将其出售以进一步融资（例如，用于负担PPP合同规定的某些变更的成本）。此类债券在被实际认购前都不算未偿还的优先债，只有在实际被购买后，才可以计入未偿还优先债。如果债券未按平价（即票面价值）而是溢价或折价发行，在处理时则需谨慎考虑。

9.4.2 提前赎回费用

项目债券的条款和条件通常包括提前赎回条款，即提前偿还债券以补偿债券持有人在债券剩余期限内损失的收益。因此，债券条款通常要求支付提前赎回费用，让债券持有人获得与未提前赎回债券同等的利益。这就是"提前赎回费用"，计算需根据特定的计算公式，乘以特定的折现率（该折现率基于到期时间与债券平均期限相当的政府债券的收益率），表明该费用是提前支付的。从本质上讲，提前赎回费用在理论上允许投资者将提前赎回的收益投资于政府债券，获取的收益与仍然投资于项目的债券一样。缔约政府部门可能希望在政府债券利率上增加借款利率以得出折现率，从而把更多风险转嫁给投资人。

缔约政府部门在每种合同终止情况下都将提前赎回费用计入终止补偿

中的方式可能是不合理的。一些管辖地区的推荐做法是（例如在英国和比利时），缔约政府部门违约[①]时，缔约政府部门支付全部提前赎回费用；合同自愿终止时，支付较少的数额；其他终止情况下（包括因不可抗力或社会资本违约而终止的情况）则不支付费用——但是缔约政府部门在任何情况下都需考虑是否需要支付全部数额。但是在新兴市场，在更多终止情形中需支付提前赎回费用（如不可抗力或社会资本违约——特别是后者，需考虑物有所值）。针对私募债券，部分投资人（特别是美国投资人）会坚持要求在非美元债券提前终止时实施货币掉期交易，因为他们的资产都是以美元计价的。缔约政府部门在支付此类费用时，需认真考虑内在的物有所值问题。参见第 4 章解约金。

9.4.3 费用和其他成本

与债券提前赎回成本一样，缔约政府部门也希望确保其他债券相关费用和成本也只适当计入终止补偿计算，避免各类费用重复计算。担保或其他增信产品也会产生相关的费用。

9.5 增信

9.5.1 增信的好处

增信可以帮助长期融资困难和没有增信措施就无法融资的PPP项目。它对于存在流动性问题的大型PPP项目也有帮助。增信并非必不可少，但存在特定风险（如政治、技术或开发风险）的PPP项目要想成功融资，增信就非常有用甚至至关重要。缔约政府部门需要在采购过程早期就了解到投资者是否要求增信或特定的信用评级，以及如何通过降低融资成本来提供更有竞争力的价格和更好的物有所值结果从而有利于缔约政府部门。缔约政府部门应

---
① 延伸来说，其他由缔约政府部门承担风险的终止情况（如重大负面政府行为或法律变更）也可用类似方法解决。

该做好准备，尽早与潜在的增信提供者接洽。参见第9.2.10节。

在融资交割时，建设风险是能否成功实现债券融资的一个关键挑战。传统上，债券市场一直反对在建完工之前投资，因为项目资产可能无法建成，从而产生不能获取收益、偿还债券本金的风险。[①]有迹象表明，随着投资人开始更加了解PPP项目风险，他们的态度也在慢慢改变。针对基础设施项目的研究（例如穆迪公司的研究[②]）显示，PPP项目的违约率相对较低（可能是在签署PPP合同之前，参与各方都进行了尽职调查，项目和融资文件存在内在制衡机制，以及参与各方都愿意推动项目尽快产生收益）。虽然如此，增信仍然是降低风险的好手段，从而鼓励非银行投资人的加入。

增信通常"首当其冲"承担损失，即在违约或合同终止的情形下，使债券持有人免遭一定程度的损失，和/或在现金流遭遇压力时提供流动性。这可以为潜在投资者提供保障，并可能带来更高的信用评级。根据增信的形式，信贷提供方可能成为具有决策权的"控制债权人"。参见第9.3.8节。

新兴市场和发达市场的区别

> 欧洲基础设施的机构投资市场发展到现在，已经有足够的机构资本在稳定的国家为可靠的PPP项目提供资金。因此增信并非必需。然而，对于存在技术风险、非正常开发或建设风险、重大需求风险或在面临挑战的国家实施PPP项目，仍旧需要采用增信的方式来促进非银行融资。

9.5.2 增信的类型

项目债券增信可以全部或部分通过多种方式实现，包括：

- 担保：发行人（如信用评级足够高）、银行或多边机构可以对社会资本的债务提供担保。在某些情况下，担保可等同于企业信用的一种替代（与增信不同）。
- 第三方担保：由评级高的私营部门财务担保人（通常为专项保险公司）

[①] 同银行融资类似，债券融资一般是结构化的，因此建设期间支付的利息在贷款的支取之外另付。

[②] 参见评级机构穆迪公司的投资者服务在2017年3月6日发布的数据报告：《银行贷款项目融资的违约和回收率》。

提供，有偿担保债券的本息支付。此类担保人在金融危机之前的欧洲有不少，但目前只有一家主要的国际专项保险公司（monoline）还在运营。专项保险公司的信用评级是债券评级的关键。
- 主权担保：在某些情况下，政府提供担保（通常会收取费用）是物有所值的。这是协同促进基础设施投资方案的一部分。
- 多边产品：世界银行、多边投资担保机构（多边投资担保机构）和国际金融公司（IFC）在担保债券方面有着悠久的历史[1]。这些担保通常集中于私营部门无法管理的特定风险（例如政府的不利行为），并可向世界银行和国际开发协会（IDA）成员国提供。多边投资担保机构保险侧重于政治风险。更普遍的是，自金融危机以来，诸如欧洲投资银行、亚洲开发银行[2]之类的机构一直在寻求方法提高流动性以激励资本市场投资人投资于发达国家和发展中国家的基础设施。多边融资机构和开发银行是这类支持的理想渠道，因为它们的信用质量好、政治影响力大，足以刺激投资者的需求。

欧洲投资银行债券增信计划（PBCE）启动后，为资本市场融资基础设施提供支持，并扩大了基础设施项目的投资者基础。它以两种形式提供增信：一种为提供资金（内部），且欧洲投资银行作为内部投资者投资资本结构；另一种不提供资金（外部）。在不出资形式中，需要提供以债券受托人为受益人的备用授信，价值为债券价值的20%（在试点阶段后现在是30%）。债券持有人可以从欧洲投资银行提取现金，用来向优先债持有人支付本金和利息，同时也可用于成本超支或在某些情况下收入短缺的情况。社会资本向欧洲投资银行支付借款利息和承诺费。欧洲复兴投资银行和多边投资担保机构最近成功合作为土耳其的一个项目提供了风险控制产品。欧洲复兴投资银行为建设成本超支提供流动性贷款，并保障运营过程中债务支付流正常，而多边投资担保机构提供政治风险保险，使项目免受某些不利政府行为的风险影响。

涉及PBCE的10个项目在其试点阶段都成功地获得了融资。穆迪公司的投资者服务[3]表明，这证明了项目债券增信在改善项目风险状况方面的有效

---
[1] 参见网络资源：http://treasury.worldbank.org/documents/GuaranteesMatrix.pdf。
[2] 2015年，亚洲开发银行向菲律宾一个项目债券提供了75%的担保额。
[3] 参见评级机构穆迪公司的投资者服务在2016年4月14日发布的行业深度报告：《基础设施更新与投资——欧洲项目债券市场在试行阶段后看涨》。

性。在这些案例中,项目评级等于或高于国家主权评级[①](欧洲复兴投资银行/多边投资担保机构的产品也达到了该标准),进而缓解了特定国家的风险。因此,PBCE、欧洲复兴投资银行和多边投资担保机构的产品都能够使项目债券比政府债券更安全。

新兴市场和发达市场的区别

像PBCE这样的增信计划可以降低主权风险和宏观经济风险,以及具体项目的风险。它可以使PPP项目获益,不论这些项目是在高信用度国家或低信用度国家。许多多边和双边机构都提供这样的信用增级工具,且这些工具的使用也逐渐增加、实现主流化。

在更发达的融资市场,增信也可以解决对非银行融资基础设施项目不熟悉的问题(例如,比利时的第一个项目债券就是PBCE增信试点项目)。

---

① 如评级机构穆迪公司对爱尔兰N25项目的评级(Baa1正面)和意大利CAV项目的评级(Baa2稳定)。

10 企业融资

10.1 关键问题

10.1.1 企业融资的概念

企业通常采取一系列融资手段为其日常业务需求筹集资金。企业与往来银行有信贷融资安排，也可以通过债券发行（公共或私人）筹集资金。企业可能也拥有多种已经盈利的运营资产。如果出现了新的投资机会（例如PPP项目），一些企业可能倾向于以企业的名义增加资金，而不是按照单个投资项目去募集资金（如项目融资）。企业的资产负债表的强健程度（以及其联合体伙伴、母公司或主要分包商的资产负载表）将成为融资的关键，因为一般情况下，参与到新的企业融资的贷款方或投资人对于整个企业（而不是接受融资的某个项目资产）享有追索权。此时相对于待投资的规模，贷款方和投资人可能更加关心整个企业的规模以及整体业绩表现。

一些企业甚至可能不需要为某项投资增加融资安排，因为其资产负债表足够强健，有充足的资金储备用于该项投资。

以这种方式获得投资资金称为企业融资，又称为"表内"融资。

10.1.2 PPP项目需要"表内"融资的原因

如《具体项目中的PPP合同》C节所述，PPP项目一般由项目发起方拥有的特殊目的载体（SPV）通过有限追索权的项目融资提供资金。这既是因为需要将不同的发起方团结起来建设并运营一项资产（比如金融投资者没有建设资产所需的技术能力），也可能是因为某一单独的发起方的资产负债表不足以提供所需要的资金。项目融资通常被归类为"表外融资"，从项目参与方的会计角度来看，这可能对双方都有好处，而且往往比企业融资成本更低，因为成本较低的第三方债务与更昂贵的股权之间的杠杆比率较高。

然而，尽管不常用，企业融资/表内融资在PPP这一类型的项目中仍发挥着作用，而且可以适用于多种情况。这些情况包括：投标人是唯一的发起方且拥有非常强健的资产负债表时，通常会在新项目中将企业融资作为其常规业务模式的一部分的情况；或者，在使用表内融资的方式对于降低交易成本（比如在小规模的交易中）更为有效时。投标人可能更希望通过股权融资，而不是有限追索权融资，这一情况可能出于税务原因；或者因为投标人愿意承担比第三方贷款机构更大的风险并已经准备好进入某个市场（特别是当其可获取出口信贷或其他支持时）；又或者仅仅因为这一融资形式总体来说成本更低。从缔约政府部门的角度讲，如果一个项目要进行表内融资，关键是保证缔约政府部门和社会资本之间适当的风险分配，遵循与项目融资相同的原则（本指南中已有说明）。理想的情形是，采购流程可以允许投标人使用企业融资和其他融资方式，或者混合融资方式。重要的是要确保招标书与合同文件（如适用）可适用于不同的融资方案。在某些情况下，这一方法可能更加简单快速，具有成本效益，因为参与方（和咨询顾问）更少，文件和债务机制也更简单。

另外，PPP项目可能是通过项目融资和企业融资的混合方式进行融资，同时认购过程和相关文件也需要适当加以调整。本章中，我们假设PPP项目将全部通过企业融资的方式进行融资。

10.2 缔约政府部门的主要考虑事项

10.2.1 咨询顾问

如果企业融资被纳入选择范围，缔约政府部门（与其他任何可能的融资方式一样）应确保企业融资早在采购过程中尽早让法律和财务咨询顾问介入。在制定投标要求、评估投标和评估企业融资对PPP合同条款和机制的影响时，需要专业的建议。理解整体合同架构也将是制定补偿条款和合理地限制缔约政府部门在PPP合同中责任的关键。

10.2.2 采购影响

正如第9章债券融资所强调的，如果缔约政府部门希望投标人能够提交最物有所值的融资方案，那么招标时必须允许多样的融资方式。缔约政府部门应该从采购过程一开始便对比考虑企业融资投标与有限追索权项目融资投标所涉及的因素。采购文件应明确说明是否允许这些投标，以及投标方需要在哪些地方就其最低要求进行标注（例如价格承诺和合同条款），银行授信函件尤其需要注意以上内容。招标文件还应该明确说明评标方式，以及不同方案之间的比较方法。这不仅有利于获得替代性的融资解决方案，还降低了非合规报价的风险。此外可能还需要设置足够严格的资格预审/选择标准（包括财务状况），如果允许财团参与，则需要求其承担（混合）连带保证责任或一般保证责任、提交履约保证、提供维修保函和/或母公司担保。

10.2.3 尽职调查

在项目融资中，私营部门方面通常会有多方参与PPP项目的尽调：社会资本、发起方和贷款方，及其咨询顾问。正如《具体项目中的PPP合同》E节所提到的，贷款方会有严格的审查流程确定PPP项目具有融资可行性。经过这样的流程，缔约政府部门（及其咨询顾问）在评估社会资本完成PPP项目的能力时会感到更有信心。而在进行企业融资的PPP项目中，第三方尽调可能不会到达此种程度，因此缔约政府部门只依靠自己（及其顾问）对社会资本的财务和技术的情况，以及对其投标及分包方（可能属于也可能不属于同一个企业集团）进行评估。

10.2.4 交易方信贷价值

项目融资的PPP项目必然涉及一个特殊目的载体（SPV），它属于第三方机构设立的、精心组织的分包合同协议、融资的一部分，负责为第三方贷款方、发起方股权以及担保和类似的支持（如股权或分包方义务）提供必要程度的支持。SPV的收入和支出信息相对透明，而且其财务稳健性可以评估。

在企业融资的PPP项目中，在融资和分包安排在相关的企业集团内部且没有第三方资金介入时，则可能无法自动呈现此种程度的信息透明度。缔约政府部门需要确认在这种情况下，社会资本的财务状况至少能够达到缔约政府部门在项目融资方案中的预期程度（可能受到外界因素的限制）。

第10.2.2节中描述，在招标阶段，缔约政府部门需要考虑投标方能从多大程度上确定能够实现企业融资，因为企业融资没有第三方贷款方提供一般在项目融资方案里才有的承诺函。如果社会资本自身没有明显可靠的信用度（例如，没有令人满意的信用评级），缔约政府部门可能需要其提供此融资方案的某些特定信息，和/或需要该企业集团中信誉度高的公司提供担保或承诺函（通常是母公司，因为其信用评级/财务状况将作为决定因素）；如果投标人是联合体，则其需从第三方分包商或重要供应商获取担保或承诺函，因为缔约政府部门希望该联合体成员（或合适的母公司）在任何信贷支持情况下承担连带责任（在公开采购流程中，在由几方公共实体组成财团以满足最低财务状况要求的情况下，这可能是必需项而非选择项）。

10.2.5　在选定中标人与融资交割之间的价格波动

与项目融资不同，企业融资投标可以提供一个确定的价格（不考虑融资成本波动，因为与银行融资不同，投标日和融资交割之间的利率波动不会直接影响企业融资的成本。也不像债券融资那样，易受价格波动影响）。根据不同PPP项目的情况，这种确定性对缔约政府部门会具有特定的价值，同时，也会鼓励那些没有能力用第三方借贷来对冲的投标人。

10.2.6　透明度

第10.2.4节强调，在企业融资的投标中，分包和融资要素被保留在企业集团内，可能使价格和成本信息的透明度降低。例如，在项目融资中，集团管理费用和集团内部贷款的收益可能会被考虑到价格中，而这种情况在项目融资中则不可能出现，而且这种情况下，股权投资的真实收益也不容易确定。缔约政府部门应尽量获得与项目融资相等同的信息透明度水平，所以缔约政府部门应要求投标人在提交投标方案时同时提供财务模型，以便有足够的信息了解投标人提出的资金的流动情况和资本结构。

这在PPP项目的整个生命周期中都适用。缔约政府部门希望确保能获得与其在项目融资中期望的同等透明程度的财务和技术信息，特别是在PPP合同中与其责任相关的信息。

正如第7章保密性与透明度所提及的，许多国家的政府越来越倾向于提高公共采购和使用公共资金的透明度，这也是获得多边机构支持的一个因素。因此，从政策角度来看，缔约政府部门确保可以获取充分的详细情况也很重要。

10.2.7　应对业绩不佳

缔约政府部门应当记住，与有多个发起方，或者可能是第三方贷款方参与的企业融资架构相比较，在只涉及一个发起方的企业融资架构中，业绩不佳的问题可能没有办法同前者一样得到实际解决。与典型的项目融资不同，如果融资方中没有相关方坚持落实合同安排，要求在PPP合同终止前替换掉业绩不佳的分包商（和/或社会资本）。类似地，如果整个PPP合同本质是上由一家企业集团交付，那么与分包商直接签署合同就没有多大好处，而且一旦发生违约情况可能代表着整个集团系统性的违约。

由于不存在第三方贷款机构，也不会存在任何直接协议（见第6章贷款方介入权）。这意味着，发生违约情形时，对缔约政府部门终止PPP合同行为的约束会更少。缺乏第三方贷款机构的参与，意味着缺少了避免陷入困境的PPP项目的一道防线。

缔约政府部门应考虑在这些情况下寻求何种替代保护措施，如要求提供某些担保或延迟支付权利、对重要供应商的直接介入权利，或指定第三方对违约情形进行补救，费用和风险由社会资本承担。

10.2.8　灵活性

如果过程中不涉及第三方贷款方，那么当PPP合同项下的工作/服务范围发生重大变化时，通过企业融资实施社会项目的社会资本能更灵活地进行调整。

10.2.9　文件的变更

如果PPP项目是由企业融资的，并且在项目启动之后不再融资或引入优先债，则需对PPP合同条款进行各种相应的调整，来反映所涉及的结构、当事方和文件的调整。这些将包括：

（a）**有关融资文件的参考和规定（如优先级融资文件）**——在项目融资环境下不会有优先级财务文件。在调整相关定义和条款以考虑企业融资结构和信贷支持（如母公司担保）时，应该寻求建议。以下就此进一步分析。

（b）**有关各方的参考和规定**——例如，不会有任何第三方贷款方。

（c）**定价调整条款**——PPP合同一般会规定在某些情况下对定价进行调整（例如，为支付因法律变更而导致的实施成本或某些非社会资本导致的延误事项）。在项目融资中，可以参照恢复优先债覆盖率或股本内部收益率来衡量调整。由于没有优先债，这些条款需要进行调整（例如，提供一次性支付或使用其他标准作为参考）。

（d）**保险条款**——在企业融资中，可通过企业的集团政策安排提供保险，而非项目专项的政策。这可能会使投标价格降低，但也意味着通过项目融资的项目中通常所使用的保险条款可能需要调整，因为政策和溢价不一定针对具体项目，条款也不一定透明。缔约政府部门需要征询专业意见，以确保有同等的（或令人满意的）保护，以不受保险、投保、免赔额、补偿险、背书、保单变更通知、损失支付条款和保费风险分担的伤害。此外，由于没有第三方借贷者，因此不需要设立一个上限，用来界定在此上限之外的保险收益需用于偿还债务，而不是重新恢复PPP项目。

（e）**再融资**——这些条款应该适当调整，以反映出不会有任何第三方融资（或使用第三方融资的计划），同时这些条款也需适应未来融资可能做出的改变，这些改变需缔约政府部门同意，该变化可能会导致额外融资收益（如从企业融资转变为项目融资）。如果这是在融资交割时设立的，那么有关的修正应该在PPP合同中约定好进行相关变更——如果不是，就需要在缔约政府部门同意的过程中协商相关变更和再融资收益分配。

（f）**解约金**——在由企业融资的PPP项目中，没有第三方债务，资金由母公司提供，原则上是以股权形式。然而，在第4章解约金中规定的赔偿原则在此仍然适用，以便母公司承诺为PPP项目提供所需要的资金水平。需要适当调整计算公式，以反映没有优先债，而只有股权。参见第10.3节。

如第10.2.7节所述，如果没有第三方贷款人，就不需要直接协议。缔约政府部门应考虑是否与其他缔约方/母公司签订任何替代的/直接协议类型合约，以确保协议的结构，包括确保对企业文件的审查权及任何共同及联合安排的监督。

10.3 解约金的计算

10.3.1 缔约政府部门违约、重大负面政府行为、法律变更或自愿终止

在第4.3.1节解约金所述市场实践中，在企业融资中，如果PPP合同由于缔约政府部门违约、重大负面政府行为、法律变更或自愿终止而终止的，社会资本有可能要求得到全额补偿。这里可采用第4.3.3节所述的一种基于融资安排的补偿方式（包括优先债加上股权加上第三方成本因素），但也需要考虑到不存在优先债的情况。选项有以下几种：

（a）当PPP合同规定的资本金的构成全来自股权投资，且如果社会资本的唯一业务是该PPP项目，则可以选择第4.3.3.2节所述的三种备选方案中的任何一项，以取代优先债加股权的融资方式。第三方费用（如冗余和终止分包合同违约费用）应按第4.3.3.3节所述增加。

（b）如果该PPP项目不是社会资本的唯一业务，则第4.3.3.2节将不适用，一种方法是使用PPP合同的价值作为补偿的基础，比如可以按PPP合同可以在公开市场上出售价格计算（假设PPP合同没有终止的情况下）。金额上应该增加第三方的成本。这在第4.4.2（b）条中有述。

（c）（b）项的替代方法是基于合同提前终止日期至合同约定日期期间内，缔约政府部门所需支付的净现值，减去期间的运营成本和资本支出的净现值来进行补偿（各种情况都和原始基本情形和税前基本情形内部收益率部分有所体现）。第三方费用再次增加。

基于市场价值的方法在实践中可能很难实施，因为在某些终止情况下，市场不太可能存在，尤其是在一个市场有限的新兴国家，因此可能需要使用估值来替代。

在企业融资中，社会资本可以更有效地减轻缔约政府部门的成本，特别

是在自愿终止的情况下，这种方法对于缔约政府部门来说，成本比项目融资要低。其中一个原因是，在合理的通知下，资源和投资可能会被重新部署在集团的其他领域，以减少成本。

在这些情况下，缔约政府部门将希望确保在任何分包合同下的终止费用合乎比例，不至于导致需向公司集团下属的各分包商支付过多赔偿金。

10.3.2 社会资本违约导致的合同终止

在社会资本违约导致合同终止时，第4.4.2（a）条中提到的以债务为基础的选择不适用，因为不存在优先债。计算解约金的适当的方法都因个案而异，完全取决于PPP项目的具体情况，以及公司资金的性质和来源。可能的选择包括：

（a）若按PPP合同进行重新招标可获得的市场价值赔偿，即第4.4.2（b）条和第10.3.1（b）条中所述的方法。由于投标人可能想要在项目融资的基础上投标，PPP合同的起草也应该允许此种情况。如上所述，在新兴市场中，市场价值方法通常并不常见而且难以实施，因此使用这种方法时应仔细考虑。

（b）使用与第4.4.2（b）条所述的基于市价的赔偿，该方案相较于（a）方案更可行。然而，这种方法在新兴市场可能很难，而且缔约政府部门可能需要考虑约定一个封顶和底线额度。

（c）采用类似于不可抗力的处理方法（参见第10.3.3节），计算终止日期前的资本和运营支出（如原始基本情形所示），减去此日期前所支付的款项，并增加一些第三方费用。

（d）以股权投资成本为基础进行补偿，例如，如果是通过公司间贷款融资的，则参考该等贷款的利息。

在任何情况下，缔约政府部门都应牢记第4.4.1节所规定的原则，特别是在不当得利方面。

10.3.3 不可抗力导致终止

在不可抗力导致终止的情况下，任何赔偿都须反映出项目中不存在优先债。这可以通过计算到终止日期（如原始基本情形所示）的资本和运营支出，减去此日期前所支付的款项，并增加第三方成本来实现。在任何类型的融资中，缔约政府部门都希望确保分包合同下的终止费比例适当，避免向公司集团下属的分包商支付过多赔偿金。

附　录

其他PPP相关资源

基础设施PPP资源中心

http：//ppp.worldbank.org/public-private-partnership/

PPP参考指南3.0版（2017年4月版）

https：//pppknowledgelab.org/guide/

PPP财政风险评估工具（2016年4月版）

http：//www.worldbank.org/en/topic/publicprivatepartnerships/brief/ppp-tools#T2

PPP财政风险评估模块用户指南（2016年4月版）

http：//pubdocs.worldbank.org/en/422531461874706371/PFRAM20160401-Guidance-Note- for-PFRAM-March-28-2016.pdf

世界银行PPP披露框架（2016版）

http：//pubdocs.worldbank.org/en/143671469558797229/FrameworkPPPDisclosure-071416.pdf

世界银行PPP项目披露：司法研究（2015版）

2015 http：//pubdocs.worldbank.org/en/910311448299077946/Disclosure-in-PPPs-Jurisdictional- Studies.pdf

世界银行PPP项目披露：良好案例（2015）

http：//pubdocs.worldbank.org/en/610581448292161621/Disclosure-in-PPPs.pdf

澳洲PPP指南

https：//infrastructure.gov.au/infrastructure/ngpd/files/Volume-3-Commercial-Principles- for-Social-Infrastructure-Dec-2008-FA.pdf

https：//infrastructure.gov.au/infrastructure/ngpd/files/Volume-7-Commercial-Principles- for-Economic-Infrastructure-Feb-2011-FA.pdf

南非PPP指南

http：//www.ppp.gov.za/Legal%20Aspects/Standardised%20PPP%20

Provisions/National%20Treasury%20PPP%20Practice%20Note%20No%20
1%20of%202004；%20Standardised%20PPP%20Provisions；%20First%20
Issue；%2011%20March%202004_1.pdf

英国PF2指南

https：//www.gov.uk/government/uploads/system/uploads/attachment_data/
file/207383/ infrastructure_standardisation_of _contracts_051212.PDF

英国PF2（以及相关材料）

https：//www.gov.uk/government/publications/private-finance-2-pf2

荷兰模式（DBFM基础设施与DBFMO住宿）

https：//www.rijksoverheid.nl/onderwerpen/publiek-private-samenwerking-
pps-bij-het-rijk/documenten/richtlijnen/2016/06/01/dfbm-overeenkomst-
rijkswaterstaat

https：//www.rijksoverheid.nl/onderwerpen/publiek-private-
samenwerking-pps-bij-het-rijk/documenten/richtlijnen/2016/04/01/rijksbrede-
modelovereenkomst-dbfmo-huisvesting- rijksvastgoedbedrijf-versie-4-3

法国FIN INFRA 指南

http：//www.economie.gouv.fr/ppp/clausier-type

PPP合同中终止条款及不可抗力条款——欧洲现行操作及指南总结
（2013年3月版）——EPEC／Allen & Overy LLP

http：//www.eib.org/epec/resources/Termination_Report_public_version

欧洲PPP专业中心图书馆

http：//www.eib.org/epec/library/index.htm

全球PPP指南（2010年3月版）以及亚太地区PPP指南（2013年3月版）——Allen & Overy LLP

全球基础设施中心报告：政府和社会资本合作合同的风险分配（2016版）

http：//globalinfrastructurehub.org/allocating-risks-in-ppps/

债券融资资料：

EPEC：PPP项目债券融资——公共采购当局的常见问题

http：//www.eib.org/epec/resources/publications/financing_ppps_with_

project_bonds_ en_11_11_2013

http：//www.eib.org/epec/resources/financing-ppps-project-bonds-in-germany-july- 2013pdf1.pdf

欧洲金融市场协会：基础设施融资指南

https：//www.afme.eu/en/reports/publications-and-data/publications/guide-to- infrastructure-financing/

经合组织（OECD）：

https：//www.oecd.org/finance/Financing-infrastructure-international-trends2014.pdf

澳大利亚基础设施局：

http：//infrastructureaustralia.gov.au/policy-publications/publications/files/Review_of_ Infrastructure_Debt_Capital_Market_Financing_2014_03_28.pdf

加拿大：

http：//www.pppcouncil.ca/

后　记

本书是财政部政府和社会资本合作（PPP）中心与世界银行集团合作成果之一，将有助于我国PPP合同管理科学化、规范化、标准化和国际化发展进程，对国内PPP市场健康可持续发展具有现实意义，对推动我国企业具体参与"一带一路"国际合作项目具有积极作用。

本书由财政部PPP中心焦小平、韩斌、谢飞、夏颖哲、傅平、李文杰、胡凡、王浩添、王雨诗、陈阳、马卓坤、赵芙卿、周童、李明聪、孙晨、高欣然翻译校对。

译伙伴（北京）国际商务咨询有限公司为本书贡献了力量；本书还参考了肖光睿、窦晓璐、何谐（北京明树数据科技有限公司）、刘飞（上海锦天城律师事务所）、翟耸君（北京天达共和律师事务所）、靳林明（北京市君泽君律师事务所）、方榕（北京市金杜律师事务所）、王羽（上海海华永泰律师事务所）、邱学金（河南正润律师事务所）、季闯（龙元明城投资有限公司）、闵赟炜（河南豫咨企业管理有限公司）、肖黎明（中泰华信股权投资咨询股份有限公司）等专家和律师的意见；世界银行集团劳伦斯·卡特（Laurence Carter）先生、艾丽莎·里贝拉托利-普拉提（Elisa Liberatori-Prati）女士、克里夫·哈里斯（Clive Harris）先生、克里斯蒂娜·保罗（Christina Paul）女士、梅雅·莱夫杰娜（Mayya Revzina）女士和李莉女士在本书出版过程中提供了大力支持。在此一并表示感谢。

财政部政府和社会资本合作中心
2017年12月

图书在版编目（CIP）数据

PPP合同条款指南：2017版 / 世界银行集团等编著；财政部政府和社会资本合作中心译.—北京：经济科学出版社，2018.1

（PPP丛书）

书名原文：Guidance on PPP Contractual Provisions

ISBN 978-7-5141-9000-7

Ⅰ.①P… Ⅱ.①世… ②财… Ⅲ.①政府投资－合作－社会资本－经济合同－指南 Ⅳ.①F830.59-62 ②F014.39-62

中国版本图书馆CIP数据核字（2018）第012314号

责任编辑：凌　敏
责任校对：王肖楠
责任印制：李　鹏

PPP合同条款指南
（2017版）

世 界 银 行 集 团
PPP基础设施咨询基金　编著
全 球 基 础 设 施 基 金
财政部政府和社会资本合作中心　译
经济科学出版社出版、发行　新华书店经销
社址：北京市海淀区阜成路甲28号　邮编：100142
教材分社电话：010-88191343　发行部电话：010-88191522
网址：www.esp.com.cn
电子邮件：lingmin@esp.com.cn
天猫网店：经济科学出版社旗舰店
网址：http://jjkxcbs.tmall.com
北京密兴印刷有限公司印装
787×1092　16开　11.25印张　170000字
2018年2月第1版　2018年2月第1次印刷
ISBN 978-7-5141-9000-7　定价：46.00元
（图书出现印装问题，本社负责调换。电话：010-88191510）
（版权所有　侵权必究　举报电话：010-88191586
电子邮箱：dbts@esp.com.cn）